「生き残る経営」よりも「いつ倒産してもいい経営」

髙瀬拓士

発行・日刊現代　発売・講談社

まえがき

日本経済が長期低迷し、失われた30年といわれていた2024年3月、
それまで徐々に上昇していた株価が急上昇して、
日経平均株価が一気に4万円を超えるという歴史的株高を記録した。
また時を同じくして、日本社会恒例の春闘と評される労使による
賃金改定交渉でも、労働組合の賃金引上げ要求額に対して
会社側が軒並み満額回答、なかには組合要求を上回る回答をした企業もあり、
バブル経済崩壊以来低迷していた日本の賃金も一気に上昇し始めた。

自信をなくし長期低迷していた日本経済が、再び息を吹き返しそうである。
しかしながら、あのバブル経済がもたらした社会の実態を顧みることなく、
再びあのバブル経済のような経済発展を始めようというのだろうか？
それは間違いではないかと私は思う。

日本は戦後の貧しさのなかで、光り輝いて見えたアメリカ社会のように、
まずは豊かな社会を実現しようと必死で経済発展に取り組んだ。
そうして世界も驚く速さで世界第二の経済大国といわれるまでになった。
それにもかかわらず、ただひたすらさらなる豊かさ、
経済発展を追い続けているなかで、バブル経済の崩壊となった。

私は、あの**バブル経済崩壊は**、
経済の発展は**国家の発展と国民の幸せのためという経済発展の目的を忘れ**、
ただひたすら経済発展、経済拡大を追い続けている日本、
日本人に対する天の鉄槌、つまり経済発展の結果、
日本社会がどういうことになっているのかを振り返ることなく、
いつまでも経済規模の拡大を追い求める日本社会への
天からの警告だったのではないかと思う。

あのバブル経済崩壊によって、
それまで経済発展の陰に隠れて見えていなかった日本社会の問題点が、
一気に表に吹き出してきた。
ビジネス社会では企業の淘汰・倒産、
なかでも信用の代名詞ともいえる巨大金融機関の統排合が続出、
また生き残るための企業不祥事も続出した。
その一方で企業は日本的経営を放棄して株主最優先、
非正規社員制度の導入などの欧米型経営に変身した。
社会に目を向ければ、少子高齢化の進展と核家族化が進み、
家族の人間関係は激変した。
限界集落やシャッター商店街続出など地方・地域社会は崩壊し、
物質的豊かさ追求に明け暮れる日本社会や**日本人の心からは、**
誇りある日本の伝統的文化や歴史観が消失していった。
つまり伝統的な和を大切にする日本人の精神文化、
地域に根差した伝統芸能、歴史への関心や歴史的風習、生活文化などは消え、

向こう三軒両隣といった地域社会の人間関係も希薄になり、**無縁社会**とも評されるようになった。

それだけではない。世界トップクラスの**長寿社会を実現したものの、苦労して育てた子供たちは首都圏に吸い上げられ、一生懸命に子育てした地方社会の親たちはさみしく老後を送り、経済発展のため働き続け定年を迎えた高齢者は、定年退職後の長い人生の時間を持て余している。**

医療技術や医療機器が目覚ましく発展した結果、ＱＯＬに無関係に、生きる意欲をなくしても生きながらえさせる治療で医療費が高騰し、社会問題になっている。

一方で、**次代を担うべき若者たちの死因第一は、自殺であるという。若者が生きる意欲をなくす社会に未来はない。**

私たちは、このような社会を求めてきたのだろうか？

伝統的な日本の生活文化が薄れ、欧米型生活を真似るなかでバブル経済が崩壊。
それ以降の長期低迷のなかで、
GDPのランクが中国に追い抜かれたということもあってか、
あの破竹の勢いがあった日本社会、日本人はすっかり自信を失い、
長期にわたって静まり返っていた。
そして今、バブル経済という経済発展がもたらした
社会の実態を顧みることもなく、
再びあのバブル経済のような経済発展に向かうとしたら、
それは間違いではなかろうか？

繰り返し主張するが、経済発展、豊かさの追求は、
国家の発展と国民の幸せの為ではないのだろうか？
この経済発展がもたらした日本社会の現状を振り返り、
その上で現在の日本社会が要求する**新たな経済発展を目指すべきだろう。**
バブル経済崩壊はそのための天の声であり、

いつまで経ってもそれに気づかないから、
長期低迷が続いたのではないだろうか？

1939年生まれの私は、戦後の貧しいなかで育ち、今年で85歳を迎えた。
あの貧しい時代、あちこちにはしゃぐ子供たちの声が聞こえ、
人間関係では向こう三軒両隣、お互いに助け合い、
「モノ・金にこだわる者は意地汚い者」という風潮もあり、
皆力を合わせてより豊かな社会を目指して働いた。
活気ある社会に伝統文化の匂いもあった。
貧しかったが、決して不幸ではなかったという思いがある。
しかしながらこの**経済発展した日本社会では、**
人間関係は希薄で無縁社会と評され、
子供たちのはしゃぐ声は大人社会に迷惑がられ、
幼稚園建設は近隣住民の反対運動を受ける。
少子化のなかで貴重な若者たちが生きる意欲を失って自殺するだけでなく、

生きていても経済競争社会のストレスに耐え切れず、
自宅にこもるニートといわれる人たちが生まれる一方、
精神障害で凶悪事件を引き起こす人も多い。

かつて**和魂漢才、和魂洋才**といわれた日本近代化の歴史があるが、
戦後の貧しさからの脱出を達成して以降も、
ただひたすら経済発展というアメリカ型物質文明を追求する日本社会の現状を、
私は**無魂米才**と評してきた。
しかし最近無条件に受け入れている、
欧米の価値観に基づく人権意識に振り回される日本社会は、
無魂米才に無魂洋才も加わっているといえないだろうか。

あの大航海時代でさえ植民地化されなかった日本が、
敗戦による初めての他国支配、
GHQによる「教育改革、政治改革、社会改革としての民主化」を経た結果、

独立国になって久しい今になってもなお、
日本人として自立の意思も志もなく、
世界に誇れる伝統的な日本文化への関心を失い、**日本人の日本知らず。**
日本社会は今、教育現場も政治の世界も、
欧米型人権主義、金銭最優先の物質文明など、
欧米の価値観に毒されてしまっている。
これは明らかに日本人の民度の低下である。

私は教育も政治も民度以上にはよくならないと考えている。
では、その民度を向上させる方法などあるのだろうか？
私は、民度は一旦、落ちるところまで落ちるしかないのではないか、
と思っている。
もし民度を向上させる方法があるとしたら、それは教育であるが、
その教育を左右するのは政治であり、
その政治を支えるのは国民、つまり社会人である。

その社会人の質を左右するのは企業ではないだろうか。

企業はその組織活動を通じて社員、つまり国民に絶大な影響を与えている。日本社会そして日本人が日本の伝統文化に無関心になり、ひたすら金銭を追い求めるようになったのも、日本的経営を放棄してただひたすら経済的成果を追求するアメリカ型経営、無魂米才の典型である企業の責任ではないだろうか。

企業は最強の社会人教育機関といえる。

経済発展を牽引するのは企業であるが、既にトップクラスの豊かさを得た現在の日本社会における企業の役割は、単なる経済原則に基づく経済的成果追求ではないのではないだろうか。

経済発展の目的、つまり企業の役割は、国家の繁栄と国民の幸せを図ることである。

日本企業には、その時代の社会の要請に応える活動が要求されるのであって、

歴史も文化も価値観も違う欧米の企業と同じ活動でいいはずがない。

バブル経済の崩壊で、社会に害を与えても営利活動に走り、
経営が苦しくなると、不正を働いてまで生き残ろうとする企業が多発した。
私は、企業が倒産するのは経営者に能力がないか、
その企業は社会からの引退を要求されているのだと考える。
そうした**企業が悪事を働いてまで生き残るのは間違い**であり、
そのような企業は倒産するのが社会貢献であるとさえ考えている。

バブル経済崩壊という天の声を真摯に受け止め、企業はその役割を再認識し、
これまでの単なる経済発展一辺倒の活動の後を振り返り、
日本社会の実態と世界の状況に目を向け、
新たな時代の要求にマッチした、
日本独自の企業経営に取り組むべきではないだろうか。
無魂米才、無魂洋才ではない、

伝統的な日本の文化を背景にした新たな日本的企業経営の創造に
取り組むべきではないだろうか?

人間は、死をゴールとして生きている。
だから、ただ生きながらえればよいというのではなく、
つまり**生きている時をどのように生きるかが大切**である。
人間が作った企業もいつか必ず死、倒産を迎える。
だから**企業も人間同様、ただ生きながらえる経営ではなく、**
いつ倒産してもいいように、
社会の一員、公器としての、精一杯の活動をすべきであろう。

本書は、既に85歳を迎えた私の人生体験をベースにした価値観に基づき、
先ずはバブル経済がもたらした現在社会の実態を振り返り、
その上に立って時代の要請にマッチした日本的経済発展、
それを牽引する日本的企業経営の在り方の一案を提案するものである。

目次

第1章

「バブル経済」と評された あの経済発展は、 日本社会に何をもたらしたのか

第2章 民度の低下と教育の問題

第3章

企業が変われば社会が変わる

第4章

「いつ倒産してもいい経営」——日本コンピュータ開発の挑戦

DTP　西原康広
校 正　文字工房燦光

第1章

「バブル経済」と評された
あの経済発展は、
日本社会に何をもたらしたのか

長期低迷に陥った日本の現状

戦後の日本経済の発展は目覚ましく、あの貧しい時代に育った者にとって、
この豊かさは夢のようである。
しかしながらその反面、無縁社会と表現される人間関係の希薄化や、
少子高齢化と相まった地方社会の衰退、限界集落化などで、
これまで日本社会が育んできた歴史や文化、日本人の心さえも失いつつある。

経済発展は、何より国家の繁栄と、
国民の幸せを目指したものではなかったのだろうか？
夢中になって追い求めたこの豊かさは、一体何のためだったのか？

日本は世界も驚く速さで戦後復興をなし遂げ、
ドルショックやオイルショックによる経済的混乱も乗り切り、
常に右肩上がりの経済発展を遂げてきた。
そして世界第二の経済大国として、
「アジアで唯一の、世界のトップグループの一員としてのプレゼンス」
を誇ってきた。
しかしながら「バブル経済」崩壊以降、すっかり意気消沈して長期低迷に陥り、
「失われた10年」、「20年」、そして今や「失われた30年」といわれている。

夢中になって追い求めた豊かさの目的は、世界中から恐れられた
あの日本経済発展の原動力は、一体何だったのだろうか？
またあの洪水のようにあふれていた資金を、一体何に使ったのだろうか？

そのように考えると、あのバブル経済崩壊は、

これまでの日本経済発展の跡を振り返り、
その意味を問いかける天の声ではなかっただろうか？
その問いにまともに取り組まなかった結果が、
長期低迷の原因の一つかもしれない。

そのような状態の今、徐々に上昇していた株価が急上昇し、
日経平均株価が４万円を超える歴史的株高となった。
それと歩調を合わせるように、恒例の春闘で、
労働組合の賃金引き上げ要求額に対し満額回答する会社が続出、
なかには要求以上の回答をする企業さえ出る状況となった。

バブル経済がもたらした社会の実態を顧みることなく、
再びあの狂ったような経済発展を目指すのだろうか？
あの一直線に発展を続けた**経済一辺倒の発展の結果、**
日本社会も日本人も、伝統的な日本の歴史も文化も見失い、病んでいる。

経済発展を牽引するのは企業である。
企業は今こそバブル経済の結果がもたらした社会の実態に目を向け、
国家の発展と国民の幸せに視点を当てた、
新たな再出発をすべきではないだろうか？

「豊かさ」に慣れてしまった日本人

日本人の平均寿命は年々延びて、日本社会は今や、世界トップクラスの長寿社会となった。

長寿は人類の悲願であり、その確保は実に喜ばしい限りであるはずだ。


しかしながらそれを実現した日本で今、国はその高齢化社会を憂い、定年退職した人たちは残りの長い人生の時間を持て余し、子育てに励んだ地方社会の親たちは、老後を寂しく過ごしている。

一方で10代、20代、30代の若者たちの死因トップは自殺である。

経済成長を支えた世代が老後を寂しく過ごし、
次代を担うべき若者たちが生きる意欲をなくす、
そんな社会が良い社会といえるだろうか？
私たちはそんな社会を求めて、経済発展に汗水流したわけではないはずだ。

これまでの何十年間、私たちが必死に取り組んできた経済発展の目的は、
一体何だったのか？
何のための長寿、何のための物質的豊かさだったのか？

私は生まれて既に85年、戦後の貧しい時代に貧しく育った。
しかし、**貧しかったが不幸ではなかった。**
ちょっとしたことで喜びを感じ、感謝できる幸せな時代。
おもちゃも何もないから、あの「お正月」という童謡で表現されているように、
指折り数えて新年がくるのを待ち、
1年に1回でもうれしいことがあると、飛び上がって喜んだ。

子沢山で3世代同居の大家族。
世代を超えた交流があり、お互いに助け合い支えながら生活していた。

しかしながら、何でも容易に入手できる今の日本社会は、
豊かだが国民、特に若者たちが幸せとはいえないのではないだろうか？
何でもある豊かさに慣れ、豊かなことが当たり前で、
「足るを知る」ということもなく、豊かさのなかに不満の種を見つけ、
たった一つでも要求が満たされないと、気持ちが切れてしまう。
残念ながら日本社会は物質的豊かさを獲得していながら、
国民はいっこうに幸せを感じていない。
なかでも次代を担う若者たちが生きる意欲をなくし、
幸せを感じられない社会になってしまっている。

私は**不満に思うことが多いほど不幸で、**
喜ぶチャンスが多いほど幸せだと考えている。

モノや金があふれる現代より、小さなことでも喜ぶことができた、あの貧しい時代の方が幸せだったといえないだろうか？

人間の幸福感というのは、物質的豊かさの量ではなく心の問題であろう。

まかり通る人の使い捨て。

人は経済発展のためのツールではない

日本は、少子高齢化に起因する労働人口減少が危惧されるなかで、相変わらず**定年退職**という、人の使い捨て制度から抜け出せずにいる。

一方で、**人類の悲願である長寿社会を実現しながら、定年後の長寿を持て余している。**

人間は皆、生まれた時から死をゴールとして、意識するかしないかに無関係に幸せを求めて、たった一度の人生を生きている。

その貴重な限られた人生の時間の大部分を企業で過ごしている。

職場が人生の場であることを忘れ、
ただひたすら経済活動であくせくし、人生の時間を消耗している。

私たちは経済発展に、一体何を期待していたのだろうか？
今こそ、経済発展の目的を振り返ってみる必要があるのではないか？
最近「新しい資本主義」「働き方改革」などという言葉が
聞かれるようになったが、
その言葉が意味するものは、的を射たものなのだろうか？

常に右肩上がりの経済発展を続けてきた日本のビジネス社会であるが、
そこにはびこっていたのは学歴主義、金銭至上主義。
単に年齢や勤続年数を重ねさえすれば優遇されることを期待する、
誤解された年功序列制度。
さらには指示待ち使われ人間的な働き方、
そして定年退職（解雇）という人の使い捨てである。

人は経験年数に応じて能力の幅を広げ、能力を磨き、
年齢や経験を重ねるほどに、
その価値を高めるべきではないだろうか？

私が子供の頃、日本社会には、
「モノや金にこだわる人は意地汚い人だ」という
精神文化があったという記憶がある。
しかしながら今では、手段を選ばず金儲けした者が成功者と呼ばれる。
日本人はそのような精神文化とともに、他人を思いやる心も喪失している。
そして企業は、人を経済発展のツールとして捉え、人を使い捨てている。

経済、お金は人生のツールに過ぎない。
経済のために人間がいるのではなく、
人間のために経済があるのではないだろうか？

— 第 1 章 —

「バブル経済」と評されたあの経済発展は、日本社会に何をもたらしたのか

人間が経済発展の犠牲になるのは、本末転倒ではないだろうか？

日本は経済不況ではなく人材不況

経済発展のために必要な要素のなかで、
資金、技術、労働力は基本的要素といえよう。
日本はそれらの基本要素だけでなく、
世界で最も多くの、経済発展に必要なエレメントを持った国といえる。

まずは巨額な資金、2012年以来11年連続過去最高額を更新し続け、
2022年度には555兆円にもなる企業の内部留保に加えて、
これも過去最高額の2100兆円余という個人金融資産がある。
続いて世界トップクラスの技術力、

指示待ち使われ人間とはいえ勤勉でよく働く国民（労働力）、
電力や交通網などの上質なインフラ、
単一民族・単一文化で以心伝心といられる意思疎通・組織運営の容易さ、
さらに世界の中で最も沸騰し続けている
アジアという巨大市場の中に位置している。

これほどまでに恵まれた環境にありながら、
長期にわたって経済が低迷するのは、
その恵まれた環境に気づき、エレメントを活かし、
自らリスクをとって経済活性化に挑戦するリーダーが不足しているからだといえる。

戦後の発展のなかでアメリカを真似、
その改善による発展に慣れた日本社会。
個性育成ではなく**平均的、均質人間育成が続く教育制度**のなかで、
「安心」「安全」が大好きな、指示待ち使われ人間集団になった社会には、

リスクを取ってまで新たな挑戦をする人材は育たない。
そのような視点に立てば、
日本が陥っているのは経済不況ではなく、人材不況といえる。

近代化の発展過程を振り返ると、古くは「和魂漢才」、
明治維新以降は「和魂洋才」と表現される時代があった。
つまり多くを海外に学んだものの、**そこには常に和魂――**
日本人としての志、文化、価値観があった。
しかしながら、敗戦で資産、豊かさのすべてを失い、
荒廃した日本社会から見えた、あの光り輝く豊かさのアメリカに憧れ、
多くの分野でアメリカを真似、
「追いつけ・追い越せ」と夢中で豊かさを追求しているうちに、
日本の伝統的スピリッツや文化をすっかり忘れてしまった。

日本社会には、**戦後アメリカを真似て経済発展した成功体験が災い**し、

リスクへの挑戦を避け、何かにつけ安易で他力本願的課題解決、経済成長を模索してきたものが多い。

安易な問題解決に走る風潮がはびこっている一例として、「How To本」の流行がある。

そのような風潮のなかでは教育までもが、塾通いで受験競争を勝ち抜く知識やテクニック習得に走り、最高学府である大学までもが、「人間としての学びより単位取得、学歴取得」に走る風潮に陥っている。


戦後の、あの荒廃からの立ち直りを支えたのは、アメリカにねじ曲げられた戦後教育を受けた新しい世代の人たちではなく、**古き良き時代の、伝統的な精神文化に基づく日本の教育を受けた人たち**がまだ社会の中心にいたからといえないだろうか？

そのような人たちの時代が終わり、いまや社会をリードするのは、戦後教育を受けた人たちで、和魂など知る由もない。

バブル経済崩壊は、経済発展を追い続ける日本社会に対して、
その実態に目を向け、
戦後引き続いた右肩上がりの経済発展がもたらした**社会の実態を振り返り、**
その歪みを修復するべきという警告であったといえないだろうか？

しかしながら経済発展に目が集中してしまっている我々日本人は、
そのことに気づかず、相変わらず単なる経済発展を追い求めている。
そのことが、長期低迷から脱出できず、
失われた10年、20年、さらに30年となっている原因かもしれないと思う。

あのすべてを失った戦後の貧しさから脱出するため、
一時的に日本の伝統的な文化や精神を脇において、
まずは経済の発展を図ったという歴史を思い出し、
国家の発展と国民の幸せという、本来の経済発展の目的を取り戻すべきだろう。

— 第 1 章 —

「バブル経済」と評されたあの経済発展は、日本社会に何をもたらしたのか

「和魂漢才」「和魂洋才」が今や「無魂米才」に

国家としての日本の発展、近代化の跡を振り返ってみると、古くは和魂漢才、幕末から明治維新を経て、昭和にいたるまで和魂洋才——

つまり日本の伝統的な価値観、和魂を大切にしながら、漢や西洋の良い点を日本社会に適応するように焼き直して導入してきたという歴史がある。

しかしながら戦後の荒廃からの復興に当たっては、物質的豊かさで光り輝いて見えたアメリカ社会、

その製品や技術を見本に、
またその延長線上で考案改善を加えながら、
日本経済は飛躍的発展を遂げた。
一方で教育は、ＧＨＱによる〝教育改革〟の下、
日本の伝統的価値観を排除した**勝者の、**
アメリカ型価値観に基づく教育に置き換えられ、
日本がＧＨＱから解放され独立して久しい今もなお、
伝統的価値観に基づく独自教育を取り戻すことはない。

その結果、戦前までの日本の伝統的価値観に基づく
教育を受けた人たちが減少し、
戦後教育で育った伝統的価値観を知らない人たちが
社会の中心になっていくに従い、
伝統的価値観に基づく発想や行動は時代遅れと認識され、
日本社会は競ってアメリカ型価値観を導入するようになった。

その典型が企業経営で、伝統的な日本的経営を放棄して、
アメリカ型経営へ転換した。
そこでは**企業と社員が家族のような信頼関係**でつながり、
企業は安易な解雇はせず、
社員は自らが勤める会社に誇りをもって働くというのではなく、
企業は株主のもの、企業活動は経済的成果追求が最優先、
そこに働く**社員は経済的目標達成のために**
企業が調達したツール＝労働力に過ぎず、
経済環境次第で労働力調整をしやすいように契約社員化、
リストラという名の下での解雇、
さらには部門ごと、会社ごと売買するなどが日常茶飯事となった。

企業と社員の関係は、信頼関係ではなく雇用契約、
賃金というお金でつながるだけとなり、
社員は経済的成果追求――つまりお金のために、

日々あくせく働くだけということになってきた。
そのような環境で日々過ごすようになった国民は、
かつて「モノ、金にこだわる人間は、意地汚い人間だ」といわれた
日本の精神文化など知る由もなく、
金銭の多少に一喜一憂し、手段を選ばない金儲けに走る者が多くなった。

このように日本人の価値観は、
学校教育においてもビジネス活動を含む日常社会生活においても、
伝統的価値観からの乖離が進み、
アメリカ型価値観、つまり金銭的価値観に左右されるようになってきた。
最近でもオレオレ詐欺、
ビッグモーターと関連した損害保険会社の不正、
世界のトヨタ自動車関連会社の不正、
さらに日産自動車の取引先支払い不正など、
いまや金銭のためには手段を選ばない者、

そのような企業が続出している。

アメリカは、異なる文化、価値観を持った異民族の移民によって成り立つ**多民族国家**だ。
従って、**共有できる価値観は金銭と命といっても過言ではない**と私は考える。

だから、アメリカ社会がお金や命にこだわるのが悪いとは思わない。
しかしアメリカ社会のような多民族国家に比べれば、**単一民族、単一文化、多神教、多様な価値観を共有する日本人社会**が、アメリカ型価値観に基づく会社経営をそのまま受け入れるのは間違いではないだろうか？

かつて和魂漢才、和魂洋才で発展、近代化した歴史を持つ日本であるが、今や無魂米才。

真似はどこまでいっても真似。

グローバリゼーションとは大いなるローカリゼーションであり、
個性化の時代ではないだろうか。

日本的経営は悪いのか？

戦後、常に右肩上がりの発展をした日本経済がさらに発展の勢いを加速し、
後にバブル経済と評された１９８０年代。
その世界も恐れた破竹の勢いで発展する日本経済が、
１９９０年代に入ると同時に崩壊し、
以降、次々と企業が倒産、日本社会は長期低迷状態に入った。
発展途上国を含む多くの世界の国々が発展を続けるなかで、
日本経済は低迷を続け、失われた10年、20年、
そして遂には失われた30年と評されるまでになった。

そのようななかで日本社会は、
「低迷原因は、21世紀になっても相変わらず
古臭い日本的経営へこだわることにある、
一刻も早く**世界標準ともいえる欧米型経営へ切り替えるべき**」
と声高に叫ぶ経済学者の主張を取り入れた政府の政策で、
欧米型価値観に基づく新たな雇用政策、制度改革を導入していった。

果たして日本的経営は古臭い、時代遅れなものなのだろうか？

私は、**日本的経営は日本人が発明した日本の文化的背景を生かした、**
世界に誇れるすばらしい経営方式であると考えている。
欧米式経営では、社員は人間という前に労働力であり、
金銭的価値で契約され、利害が相反するコスト。労働者間も競合関係。
それとは対照的に、**日本的経営では、社員は労働力というより前に、まず人間。**
経営者と社員は家族のような信頼関係で連携し、

利害を共有し、**自らの勤める会社に誇りを持ち、**
力を合わせて会社の発展と社員の幸せを追求することを基本とする。
そして、社員は経験を積み成長するに従って処遇も改善される年功序列制度、先輩は先輩らしく後輩の指導育成に努め、後輩は先輩を見習って成長し、定年まで失業の心配なく安心して働くことができる終身雇用制度を有している。

そこでは、社員は自分が勤める会社に誇りを持ち、**目先の利害や金銭的優劣だけで転職、会社を渡り歩くということもない。**
実に素晴らしい経営ではないだろうか？

残念ながら近年、年功序列制度慣れした社員がその趣旨を誤解し、年数を重ねるごとに先輩が先輩らしく成長する努力を忘れ、「単に年数を重ねさえすれば、処遇が改善される」という誤解の結果、年功序列制度運用が難しくなっただけでなく、終身雇用制度運用にも矛盾が生じるようになっている。

つまり、**日本的経営という制度が悪いのではなく、**
そこに働く社員が、制度適用に
ふさわしくなくなっただけの問題ではないだろうか？

危機的エネルギー、食料の海外依存、そして国家の安全までも――

ロシアのウクライナ侵略が始まって以来、
世界中の国々はエネルギー、食料確保の問題で混乱を続けている。
そのエネルギーや食料の大半を海外からの輸入に依存する日本は、
世界的エネルギー、食料獲得競争のなかで苦闘しながらも、国民の意識は浅く、
当面の経済力と過去の実績で何とか急場をしのいでいるといえよう。

しかしながら、経済発展した中国だけでなく、
急速に発展しているかつての発展途上国も加わって、
今やエネルギーも食料もその獲得競争はますます激しくなり、

ウクライナ問題が解決したとしても、
今後日本にとっては厳しい状態になると考えられる。

エネルギーに関しては、太平洋戦争を引き合いに出すまでもなく、
日本は化石燃料資源に乏しい国であることは昔から誰でも承知している。
そのため、まずは世界でも恵まれているといわれる
水力の利用に取り組んできた。
また、高い技術力と経済力を活かして、
原子力の平和利用にも取り組んできた。
しかしながら世界第二の経済大国といわれる経済発展が
永遠に続くと誤解して、
その経済力・購買力にものをいわせて安易な海外調達に走った。
その一方で、経済力や世界トップレベルの広範囲な技術力を活かし、
日本の決定的弱点を補うためのエネルギーや食料の調達、
開発への意欲的取り組みを怠ってきた。

その一例が、日本原子力研究開発機構が取り組んできた高温ガス炉技術開発である。

これは日本、アメリカ、ドイツなどが開発に取り組むなかで、日本は1990年代に既に基礎的技術開発を終えていた世界最先端の国産原子炉技術で、安全性の高い発電から水素製造、工業用高温蒸気供給や排熱供給による海水淡水化や地域暖房など、広範囲な活用ができるというものだ。

しかしながらその実用化への取り組みを意欲的に推進しなかった結果、ドイツの技術を購入したといわれる中国が実用化の先端を走っている。

地震大国である日本は、危険と隣り合わせの従来の原子力発電にこだわり、あの東日本大震災という巨大災害に見舞われた。

今、ウクライナ問題に端を発したエネルギー問題に直面して、最近になってやっとその実用化に取り組み始めたようである。

エネルギー問題の他の例が、地球温暖化問題解決のため、世界各国が化石燃料から自然エネルギーへの転換として取り組む、太陽光や風力利用の発電である。

日本はその列島構成起源に基づく地形や気候などから、世界もうらやむ水資源、地熱資源に恵まれた国である。

なかでも水資源活用の歴史は長いが、さらなる活用への限界を感じた結果なのか、自然エネルギー転換への取り組みは海外各国同様、太陽光発電、風力発電導入に走っている。

しかもその設備も、海外調達に依存している。

しかしながら、中東やアメリカのような砂漠地帯の多い国と異なり、自然に恵まれた日本で、豊かな緑に覆われた田畑や山野を切り開いて設置される太陽光発電システムは、それ自体が自然破壊を引き起こし、さらに大量の産業廃棄物を生む。

このような近視眼的政策は、地球環境問題対策といえるのだろうか。

一方の食料についても、日本は南北に延びる海洋国家として、地形的にも気候的にも恵まれ、古くから農業、漁業が盛んで、その技術も世界有数であった。

しかしながら、GHQによる占領政策の成果といえそうな食生活の欧米化、経済力にものをいわせた安易な海外からの農産物調達は、日本の農業を疲弊させ、農業人口は急速に減少し、田畑は荒れ放題。食生活の変更も手伝って、2021年度のカロリーベース食料自給率は、40%を切っているという状態である。

国内生産といいながら、その飼料や肥料は海外輸入ということから考えれば、食料の自給率はより一層危機的状態といえる。

エネルギー問題にしても、食料問題にしても、将来の世界的調達競争の激化や、今直面しているような日本の経済力低下のことも考えず、

目先の経済力、購買力にものをいわせた海外調達という安易な政策に走り、
あのバブル経済のなかであふれ返っていた資金を、
日本が潜在的に抱える問題解決のために先行投資することはなかった。
さらに、日本の国家としての安全に関しても、
今のウクライナ問題が警鐘を鳴らしている。
太平洋戦争敗戦直後はもとより、
独立して世界第二の経済大国といわれる経済発展後も、
国家の安全をアメリカに全面依存し、
平和憲法を備えていればという日本人特有の自己認識の下で、
ただひたすら経済発展に猛進し続けてきた。
その経済的余力を使って、日本による戦争被害国と認識する
中国や韓国に加えて、発展途上国の経済発展支援を行うことで、
世界平和に貢献したという、日本人の一方的な認識がある。
しかし、それが自ら国家の安全を確保するという強い意志に基づく、
戦略的かつ効果的取り組みであったかどうか、はなはだ疑問である。

以上に述べたようなエネルギーや食料はもとより、
国家の安全までも海外に依存するという現実は、
経済発展の結果、何事もお金で解決できるという
「豊かさ慣れ」に原因があるといえないだろうか？
そこには今直面している日本経済の長期低迷、
中国を含むこれまで発展途上国といわれた
国々の発展による世界的エネルギー、
食料需要の高まりと激しい獲得競争の発生が予想もされず、
忘れられていなかっただろうか？

これは、経済発展に慣れてしまった、
日本社会と日本人のおごりであり、油断でもある。

第2章

民度の低下と教育の問題

次代を担う若者たちの最多死因が自殺であるという実態

2022年の自殺者数は前年より874人増えて、2万1881人だった。
なかでも小中高校生の自殺者数は514人で、
厚生労働省による統計が始まった1980年以降で最多、
自殺は若者（15～29歳）の死因の第一位である。
先進国の集まりであるG7のなかで、
若者の死因第一位が自殺なのは日本だけだ。
どのような理由であれ自殺者が多数の、
特に次代を担う若者が死を選ぶような社会が、
幸せな社会といえるはずはない。

かつて私は大学卒業の新入社員たちと、
「生き甲斐」をテーマに議論したことがある。
そのとき驚いたことに、彼らのなかに、
生き甲斐という言葉の意味を調べるために、国語辞典を持ち出してきた者がいた。
それだけ今の若者たちは生き甲斐など考えたこともなく、
そんな言葉の意味さえ知らずに成長し、今を生きているといえそうだ。
その結果、現に子供たちだけではなく、大人も含めて多くの人たちが、
自己都合に合うようにはできていない社会のストレスに耐えられず、
生きることに行き詰まり、
学ぶ意欲や働く意欲だけでなく生きる意欲さえも失って、
精神的病に侵されたり引きこもりになっているのが現実である。

昔から、**「子供は親や周囲の大人の背中を見て育つ」**といわれている。
ということは、親や周囲の大人たちさえもが
生きることに意義を見出せないのであれば、

子供、つまり若者たちも、自然と同じ道を辿るのではないだろうか？

１９４５年の敗戦当時、
これからの生活をどうすればよいかわからないほど荒廃した貧困社会のなかで、
人々は必死になって働き、世界も驚く速さで経済を復興させ、
１９６８年にはドイツを追い抜き、
経済規模において世界第二の経済大国といわれるまでになった。
それから50年以上たった今、
世界トップレベルの豊かで安全な長寿社会を築きながら、
次代を担うべき若者たちが生きる意欲を持てず自ら命を絶つ。
そんな実態を見るにつけ、経済発展の目的は何だったのか、
疑わずにはいられない。
これが、私たちが汗水垂らして経済発展に励み、
目指してきた社会なのだろうか？

ちょっと立ち止まって日本社会の現状を振り返り、
経済発展の目的は何だったのかも考えようともせず、
今なお盲目的に規模拡大の経済発展に向かって突き進む日本、
そして経済に振り回される日本人。
私は経済発展が悪いというつもりはないし、
その規模拡大が悪いというつもりもない。
しかし大切なことは、**経済のために人間がいるのではなく、**
人間のために経済があるということ、
つまり経済は国家の発展と国民の幸せのためにあるということを
忘れてはならないと思う。
私たちは今一度、その原点に立ち返る必要があるのではないだろうか?

危機的少子化の進行

少子化の進行は、日本の経済、社会に甚大な影響を与え、
国家や社会の活力低下を来すものとして憂慮される。
しかしながら、日本の少子化はとどまるところを知らず、
2022年には出生数がついに80万人を割り込んだ。
結婚しても子供を持たない夫婦が増えているだけでなく、
晩婚化とともに結婚もしない男女が増えている。

日本学術会議の報告によると、
少子化の最大要因は、未婚率の上昇と晩婚化が進んだことにあるようだ。

さらに、未婚率上昇や晩婚化の原因に育児への負担感、個人の価値観、結婚観の変化を挙げ、その原因として、家庭より仕事優先を求める企業風土、根強い男女役割分担意識、育児での母親の孤立や不安感などがあると推測している。

つまり、**戦後日本の高度経済成長を支えてきた体制そのものが、未婚率の上昇をもたらしている**という。

また、結婚した夫婦で「望ましい子供の数は3人」と答える人が多いにもかかわらず、実際の子供数は2人か1人で、その理由として次の3つを挙げている。

①子育て費用や教育費用が高い
②仕事と子育ての両立が困難
③子育ての体力的、心理的負担が大きい

これらのことは、若い夫婦にとって、子供を産み育てるための
経済的、時間的、体力的、精神的負担が大きく、
結果として子供の数を減らす原因になっているという。

世界に目を向けてみると、日本だけでなく経済先進国は皆一様に、
少子化問題を抱えている。
しかしながら経済発展途上国といわれている国々では、
日本が貧しかった時のように、
今もなお貧しいなかで多くの子供を産み育てている。

一体なぜ、経済が発展し豊かさを手に入れると、
人はこのようなことになってしまうのだろうか？
自然界では動物であれ植物であれ、生物が子孫を残すのは本能的活動、
命がけでその役割を果たしている。

同じ動物である人間は、経済発展による豊かさに毒され、

生物としての本能を失い、
その基本的役割を放棄してしまっているといえないだろうか？
今の自分が豊かに生きること、そのための物質的・金銭的豊かさの追求が最優先、
子孫を残すことは時間的・金銭的な余裕次第、
子育ては人生にとっても経済活動にとっても厄介もので、
愛情ではなくお金で育てればよいというのだろうか？

日本の歴史を振り返ってみると、経済的に貧しかった時代、
特にあの戦中戦後の貧しかった時代は、「産めよ増やせよ」という政策も
あって、多くの家庭は「子沢山」だった。
現に私は、貧しい農家で1939年に
11人兄弟姉妹の下から2番目で生まれ、
夜明けから日暮れまで長時間にわたって農作業に励む親や、
それを手伝う兄姉たちの背中を見て育った。
当時は、11人は多いとしても、3〜4人の子供を持つのが普通の家庭だった。

物心がついてからでも、
「お金がないから結婚しない、子供は生まない」などとは聞いたことがない。

私だけでなく皆貧しかったので、小学校の同級生の多くは、
靴はもちろんのこと学生服もランドセルも買ってもらえず、
ほとんどの子供たちは年上の兄弟姉妹や親類縁者から、
衣服だけでなく教科書を含む学用品までも、
使い古しをおさがりとしてもらっていた。
お金がなくても親たちの知恵と工夫で子育てができていたといえよう。

また、自宅から学校までの距離が遠く、たとえ通学に1時間以上かかっても、
上級生が下級生を連れて、皆自分の足で歩いて通学した。
学校から帰宅すると、学用品を家の中に放り出すなり、
裸足で飛び出して近くの公園や広場に集まり、
陣取り合戦やかくれんぼ、草野球やビー玉遊びなど、

あるいは野山を駆け回って日が暮れるまで遊んだ。
親がおもちゃを買ってくれなくても、
林からとってきた竹で、釣り竿や竹馬、竹トンボを、
木の枝でパチンコを作るなど、子供たちは自分たちの工夫で楽しく遊んだ。
そして親たちに多少お金の余裕ができれば、1年にたったの一度、
正月が来ると足袋か下駄、あるいはコマやビー玉などを買ってくれる——
それがうれしくて、指折り数えて正月が来るのを待ったものだ。
つまり、**お金がなくても子供が育っていた時代**であった。

しかしながら経済先進国に仲間入りした日本は、
他の経済先進国に比べて女性の社会進出の遅れが批判され、
その背景にある西欧的人権意識と相まった女性の社会進出により、
多くの家庭で両親の共働きが始まった。
その結果、子供と接する時間がない親たちは、
子供たちの要求に応えておもちゃやゲーム機、

携帯電話までも買い与える一方で、
学校から帰宅早々お稽古事に通わせ、
さらに〝よい学校〟へ進学するための受験競争に勝ち抜くために、
多くの参考書を買い与え塾通いさせる。
これでは、お金がいくらあっても足りなくなるであろう。
このことがまた共働きの必要性を増し、
少子化の原因になるというイタチごっこである。
今や**結婚も子育てもお金次第**——
従って、**政府の少子化対策も基本的にお金対策に偏っている。**

さらに悪いことに、何でも買ってもらえることに慣れた子供たちは、
自分の要求が満たされないと、すぐに精神的にキレてしまう。
あの1年に1回、正月に何か買ってくれるだけで大喜びした時代に比べれば、
この豊かな社会の子供たちは不幸であるといえよう。

これらの過程を振り返ってみると、日本は経済先進国の仲間入りをした結果、その人生観、価値観も他の経済先進国と比較され、追随するうちに**3世代同居で子沢山という日本の伝統的家庭生活、家族構成が欧米型、少子化、核家族化へと変わっていった**といえよう。

言い換えれば、今や経済における無魂米才に加えて**日本人の家庭生活、社会生活、生き方までもが、無魂米才、無魂洋才になった**ということではないだろうか?

私は、若者たちに講演するときは常に、

「今日という日は昨日の次の日、そしてまた、今日という日は明日の前の日」

と話してきた。

私は若者に対して、結婚せよ、結婚したら子供を持て、あるいは女性は家庭で子育てに専念せよなどというつもりは全くない。

それは人それぞれの選択である。

しかしながら少子高齢化の進展で将来が心配だというなら、

今現在の社会は過去の人たちが築いたものであることを認識し、
自分たちが生きる**明日の社会は、今日これからの自分たちの行動にかかっている**ことに気づいてほしいと思っている。

一方でマスコミは、こぞって少子高齢化不安をあおるのではなく、いろいろな選択肢を提供すべきだと思う。
子供は社会発展にとっての重要な原動力であり、社会の次代を担うのは子供たちである。
しかし今、その子供たちの教育が、目的を見失っているようにしか見えない。

同様に、新入社員の入社は会社発展にとって重要な原動力の一つであるが、
企業は社員を人間というより労働力として私物化、企業戦士に育成し、経済的成果追求のためにツール化している。
社員は社会の一員、社会人であるとの認識の下、

社会の維持発展に何らかの行動で貢献する
良き社会人への指導育成を忘れるべきではなかろう。
企業は企業文化、その組織活動を通じて、
知らず知らずのうちに社員を教育してしまう、
最高、最強の社会人教育機関であるのだから。

経済に毒された教育

前章で述べたように、日本近代化の歴史を振り返ってみると、
古くは和魂漢才、続いて和魂洋才と評される時代があった。
そこには常に和魂、日本人としての魂やスピリット、
つまり精神性と価値観を基礎として、
その上で中国や西欧の文化を消化して取り入れていった。

しかしながら戦後の荒廃から世界も驚く速さで経済復興を成し遂げ、
世界第二の経済大国といわれるようになって久しい日本社会の現状を見ると、
そこには和魂も日本の伝統的文化も失い、

経済発展の虜になり、
ただひたすら経済的豊かさの追求に走る日本社会、日本人の姿が見える。
経済発展は、国家の発展と国民の幸せのためであったはずである。
しかしながら前章でいくつかの例を取り上げたように、
ただ単に経済の拡大発展を追い続ける現在の日本社会は病んでいる。

経済発展の結果、国家は地方から荒廃し、国民は不幸になっている。
そのことを振り返ることなく、ただひたすら経済的成果拡大に走った。
そしてバブル経済崩壊。

アジアのほとんどの国が西欧の植民地になったなかで、
日本は数少ない植民地にされなかった国である。
それは日本人の勤勉さと相まって、日本人としての魂、
独自の精神文化を身につけた日本人を育成した、
優れた日本の教育の賜物であろう。

しかしながら、経済発展最優先社会のなかで、

教育は、経済に毒されているといえないだろうか？
教育は、単に経済活動の担い手養成になり下がっていないだろうか？

私は、教育には家庭教育、学校教育、社会人教育があり、
その目指すべきところは**最先端知識の詰め込みではなく、**
日本人としての人格育成、
社会人としての人間力と基礎学力育成にあると思う。
人間力で大切なものは、
意外性に富んだ社会で、意外性に富んだ人生を生き抜く精神力、体力であり、
基礎学力とは激動する社会でわからないことを理解する学力、
やったことがないことでもやれるようになる学力といえよう。

また家庭教育、学校教育、なかでも義務教育の期間は、
日本人、人間としての基礎教育期間であり、
社会に出ていくための準備期間である。

しかしながらそのいずれの教育も経済に引っ掻き回され、本来の教育の目的を忘れ、日本人の日本知らず、社会に対応できない、大人になりきれない若者を生み出している。ここからは、その経済に毒されたと私がいう、家庭教育、学校教育、社会人教育の実態を振り返ってみたい。

子供が見て育つ、親の背中はどこにあるのか

家庭教育、学校教育、社会人教育のなかで、
生まれた時から家族と寝食をともにしながら育てられる家庭教育は、
人間教育の起点（ベース）として極めて大切である。
親は愛情をもって子供を育て、
その時々に応じて適時適切な指導やアドバイスをする。
その一方で、**子供は親の背中を見て育つ**という側面がある。

私が育った、あの貧しく子沢山だった時代は、
家族は3世代同居が当たり前。

11人の兄弟姉妹のうち10人が育った我が家では、
現役を引退した祖父は、趣味のお花育て。
祖母は、縁側で日光を浴びながら足袋や着物の繕いのための針仕事。
いつも社会に目を向け、地域の農業技術指導に飛び回っていた父。
子沢山のなかで食事つくりや生活支援に忙しいながら、
デンと構えていた大らかな母。
農業の手伝いや学業の合間に、
ラジオから流れる歌謡曲に合わせて歌っていた姉たち。
それぞれに役割、仕事があり、
家族がそれらの役割を果たしながら一丸になって働いた。
親たちには子供たちの話し相手をする時間などなかったが、
それでも夕食時には家族が集まり、
粗末な食事ながらにぎやかにおいしくいただいた。
子沢山のなかで兄弟喧嘩は絶えず、
それでもいただきものがあればそれを分け合い、

困った時にはともに助け合い、家庭には団欒の場も時間もあった。

その意味で**家庭は疑似社会**であり、老いも若きも一緒に生活するなかで、祖父母、両親、そして兄姉たちの後姿を見て育った。

そこには**見るべき親の背中があった。**

家族だけではない。子供たちは学校から帰ると宿題など忘れ、家を飛び出して近くの空き地や広場に繰り出し、空き缶蹴りや陣取り合戦、かくれんぼ、時には喧嘩もしながら、暗くなるまで遊んだ。

皆で他人の家に上がりこんで蒸かし芋をご馳走になることもあった。

親兄弟だけでなく地域の人も一緒になって、子供の指導育成を行っていたといえる。

そのようななかで**子供たちは、よい面も悪い面も含めて、社会を、そして多くのことを学んだ。**

しかしながら経済発展とともに少子化、核家族化が進み、
子育ても家庭教育も大きく変わった。
日本が世界第二の経済大国と呼ばれるようになって以降、
豊かになった国民の大多数が自分を中流階級と考えた
「一億総中流社会」といわれた時代である。

金銭的に余裕ができた親たちは、
数少ない子供たちへの愛情の表現の一つなのか、
まるで着せ替え人形のように流行を追って新しい衣類を買い与え、
高価なランドセルを買い、おもちゃを買い与え、競って習い事に通わせ、
さらに学ぶ意欲の有無にかかわらず、
〝良い学校〟への進学を目指した受験競争に勝ち抜くために
塾通いをさせるようになった。
つまりお金による子育て、お金による教育が常態化し、
経済格差が教育格差に直結するようになった。

そのため、親たちは資金稼ぎのためさらにあくせく働き、
親子の接触や指導育成に充てる時間が少なくなっていった。
それを補うため、親たちは子供にいろいろな物を買い与え、
指導育成をお金で外部委託し、
その資金稼ぎのため、さらに激しく働くという悪循環に陥っていった。
経済発展がもたらした少子化、核家族化で、
子供たちは兄弟姉妹にもまれながら学び育つということはなくなり、
学校から帰宅した子供は、
共稼ぎで忙しい親たちに迎えられることもない鍵っ子。
比較的早く母親が帰宅すれば、帰宅の遅い父親を待たず、
母親の帰宅も遅ければ子供は一人でおやつや夕食を食べ、
一人遊びをするか、習い事や塾通い。

そこには家族の団欒というものは存在しない。

子供は親の背中を見て育つというが、
そこに見えるのは仕事、お金稼ぎに忙しい親の背中である。

一方で、人間関係が希薄になった社会では、
他人の子供に声をかけたり、悪事に対して注意することも難しくなった。
余計なお世話と叱られたり、誘拐と誤解されることもある。
なんともギスギスした社会である。

このような社会のなかで、背中を見せている大人たち、親たちに、
教育のあるべき姿を考える余裕もなく、教育は塾まかせ、学校まかせ。
大人たちや親たちによる適時適切なアドバイス、親子の意思疎通、
他者／地域社会による指導育成は困難になり、
子供たちの社会への対応能力育成もままならない。
結果として社会に出た子供たちは、
意外性に富んだ社会ですべてが初体験。

直面するトラブルへの対応ができず、
社会不信、学校不信、人間不信に陥り、
不登校やニートと呼ばれる子供たちが多発する原因となっているといえる。

家庭より仕事を優先する親たちと子供の信頼関係は、
知らず知らずのうちに希薄となり、
親よりも携帯電話でつながった見知らぬ人を信頼し、
社会不信、生きる意欲を失った若者たちが、
犯罪に巻き込まれたり自ら命を絶つことになる。

世界第二の経済大国といわれるようになって久しいにもかかわらず、
相変わらず経済拡大を追い求めていた日本社会は、
このような有様になっている。
これが、私たち日本人が求めていた社会であるはずがない。

これは、目的を見失い、
ただひたすら経済発展を追い続けた結果の悲劇ではないだろうか？
教育にお金をかける余裕がなかった貧しい時代と比べ、
大金をつぎ込んでお金で子育て、
お金で教育するようになった時代の子供たちは不幸であり、
知識の詰め込みはされても、
社会に出るに必要かつ十分な人間教育を受けることはない。

経済的豊かさ追求にあくせくする親たち

この章のはじめに述べた通り、私は子供たちにとって生まれてから学業を終えるまでの期間は、社会に出る準備期間だと考えている。

その間に**学ぶべき最優先課題は、最先端の知識や技術よりも、基礎学力と人間力**だと思う。

家庭教育に支えられた**学校教育は、**少子化時代の子供たちが、**多くのクラスメートと交流しながら、疑似社会体験ができる貴重な機会**であり、それは家族との関わりのなかでは得られないものである。
そして、義務教育から大学教育を経て
基礎学力から高度な学力と人間力を養う、
社会に出る準備の総仕上げとして極めて大切なものである。
なかでも大学は学校教育の最高学府。
その良し悪しが国家の未来を決めるといっても過言ではない。

PTAという組織がある。
P＝Parents（保護者）、T＝Teacher（先生）、A＝Association（組織）の略で、
子供たちのすこやかな成長のために、
親（Parent）と先生（Teacher）だけでなく、
家庭、学校、地域社会がお互いに協力し合い、
さまざまな活動を行うことが目的である。
その歴史は古く、日本で始まったのは1945年。
アメリカから派遣された教育の専門家が示した、

戦後の日本の教育に対する基本方針のひとつで、
文部省を通じて全国的に広がった。
子供の教育を学校まかせにせず、
親たちも学校教育に関心を持ち、その活動に参画し、
それを支えることが期待されていたといえる。
基礎人間力と基礎学力教育を担う義務教育にとって、
PTAの役割は極めて重要ではないかと考えている。

しかしながら、前項でも述べたが、
今の親たちはPTA活動の一環として授業参観に参加しても、
受験競争に勝ち抜くことが最重要で、
教育そのものに関心があるのではなく、
「家（うち）の子」にしか関心がないのではないだろうか？
その結果、多くの参加者は単なる参観者で、
授業中に多少でも騒いだりいじめをする子供がいると、

そのような子供の排除を要求する。
こうした親たちへの対応で先生たちは苦労することも多く、**「モンスターペアレンツ」**なる言葉も生まれる。
授業外の雑務にも忙しいなかで、
このような親たちや文科省、教育委員会、
日教組（日本教職員組合）などに挟まれるためか、
教育熱心な先生ほどストレスを感じ、精神障害を引き起こし、教壇から去っていく例が絶えない。

私は、授業中に騒いだり子供社会でのいじめを勧めるつもりはないが、
それを**全面排除するのがよいとも思わない。**
それらは程度問題であり、
その程度をコントロールするのが先生の役目であると思う。

私の子供時代、授業中に態度が悪かったり、

休憩時間や放課後に仲間をいじめる、ガキ大将といわれるわんぱく小僧がいた。
それでも彼らのいたずらが一定限度を超えない限り、
親たちも学校側も大問題にすることはなかった。
私は**子沢山の家庭で兄弟姉妹に鍛えられており、**
学校での多少のいじめにへこたれることはなかった。
社会も他人も、自分に都合の良いようにできてはいないし、善人ばかりではない。
社会には必ず価値観が違い、生活環境を乱す、時には悪人といわれる者もいる。
きれいごとだけでなく不条理なことも多く、戦争だってある。
それが人間社会である。

前にも述べたが、子供たちにとって
家庭教育から学校教育終了までは、社会に出るための準備期間である。
そのような人間社会で生きていくために、
社会に出る前の準備期間に社会を疑似体験することは、
大切なことではないだろうか？

しかしながら核家族化した現在の日本の家庭では、
兄弟姉妹に鍛えられることもなく、
多くの子供たちに出会える学校教育の場こそが、社会の疑似体験の場である。

今時の学校は、**無菌室教育を要請されている**といえる。
そのような教育を受けた子供たちには、
現実社会で直面する課題への対応力などなく、
生きることに疲れ、精神を病み、絶望し、
これが自殺する者が増加している原因の一つといえるかもしれない。

次代を担う子供たちがこのような状況にある社会に、未来はない。
これは限りなく経済発展を追い求めてきた社会、親たち社会人の責任である。

一方で、学びの最高学府である大学の現状はどのようなものであろうか。
あの日本が貧しかった頃は、大学への進学に値する学力があっても、経済的余裕がなく進学できない子供たちがたくさんいた。
国家にも資金がないため、大学の数も進学する学生も少なかった。
九州の田舎町でともに学んだ私の小中学校同級生80人のうち、
大学まで進学したのはたったの一人だけ。
高校にさえも進学せず、中学卒業と同時に社会に出た者も多数いた。

しかしながら、経済発展で豊かになった現在の親たちには、
「子供くらいは大学に進学させたい」との思いが強い。
その結果、定義も定かでない、
〝良い大学〟への進学を目指した受験競争に勝ち抜くため、
子供にその意識もない頃から、〝良い幼稚園〟、〝良い小学校〟、
〝良い中学校〟、〝良い高校〟入学の受験競争に備え、
高いお金を投じて子供を塾に通わせている。

たった一つの答えを見つけるという試験のための勉強が教育だと、
誤解していないだろうか？

それでも親たちは、その資金確保のために、
家族の団欒や子供との接触時間を犠牲にしてまで共稼ぎに励むことになる。
そのような親を見て、
本気で学ぶ意欲があるのか疑わしい子供たちまでもが進学するようになり、
今では18歳人口の実に過半数が大学に進学するようになった。
その大学進学率上昇に伴い、これまでの専門学校や
短期大学校の格上げも含めて、大学数が急速に増加した結果、
少子化が進展した最近では、
私立大学で定員未達の大学が過半数という事態になっている。

そのような実態があっても、政府は大学数削減に走るわけではなく、
未だに新たな大学誕生を許可し、限られた税金を広く浅く分配している。
その政府からの支援金配分を受け取るため、
入学試験合格レベルを下げて定員確保を図る大学もあるという。

こうして入学合格レベルを引き下げてまで人数確保に走った結果、
大学はその教育レベル維持が難しくなり、その解決策の一つとして、
「日本リメディアル教育学会」なる組織を立ち上げていると聞く。

「リメディアル教育」とは、簡単にいえば、
大学の授業についていけない学生に対して
学習の補習を行うという教育である。

もともとは、約100年前にアメリカの大学で、移民の学生に向けて
授業に必要な英語力を身につけさせるために始めたとされるが、
なぜ現代日本で、しかも大学という場で、
このリメディアル教育が必要とされているのか？

大学教育もビジネス化した結果といえないだろうか？

そのような環境で進学した学生たちは、
勉学の意欲に燃えて学ぶというより卒業単位取得にしか関心がなく、

必要な授業を受ける以外の多くの時間は自由時間として、部活やアルバイトその他学生時代を楽しむことに充てている者も多い。

私が5年間にわたって特別講師を務めたS国立大学工学部3年生のクラスでは、**成績優秀者の多くは高専からの編入生**だという。

高専では、毎日授業に出席するのが当たり前。

そのため、**高専から大学に編入した学生が最初に驚くのは、大学生が勉強しないこと**だそうだ。

学生の本分は学ぶことである。

そのことを忘れ、単位取得にしか関心がない学生を放任するような大学は、最高学府ではなく、レジャーランド化したビジネス組織といえないだろうか。

そのような学生たちが就職活動に当たって掲げる就職条件には、決まって自分のやりたい仕事、おもしろい仕事、社内教育制度、福利厚生制度、昔ながらの安心安全な大企業、有名会社が挙げられているという。
最高学府、その卒業生がこのような実態で、
国家の発展など期待できるはずはない。

私は10年ほど前、文科省副大臣に会った時、
「今の大学の多くはレジャーランド化し、若者は子供のように未成熟、
教育するより遊び人間にしている。
大学数を4分の1に削減し、そこに税金を集中して投入し学費は無料化、
大学を学ぶ意欲のある者だけの学び舎に戻し、
学ばない学生は即退学させてはどうか」
と提案したことがある。
残念ながら、今どきの政治家が務める副大臣には、
理解も行動もできなかったようであるが。

このような大学教育の実態を見る限り、

激動する社会にあって、**この豊かな時代の子供たちが、あの貧しかった時代の子供たちより優れているとは思えない。**

これもその目的を見失い、ただひたすら追求した経済発展の結果、豊かに、お金持ちになった親たち、社会人の責任ではないだろうか？

社会人教育の出発点とは何か

家庭教育、学校教育、社会人教育のうち、子供の教育、家庭教育を担うのは、第一に寝食をともにする親たち、第二に地域社会、そして生活環境であり、その親たちや地域社会を構成するのは社会人である。

そのように考えれば、**家庭教育や学校教育の質的向上のためには、**経済活動に明け暮れ、何事もお金で解決することに慣れてしまった親たちの教育、つまり**社会人教育こそが大切**であるといえよう。社会人が変われば、家庭教育も学校教育も変わる。

その社会人といわれる人たちの多くは、
企業や組織の一員として起きている時間の大部分を職場で過ごしている。
その企業は、組織活動を通じて知らず知らずのうちに社員を教育している。
つまり**社会人教育に最も影響を与えることができるのは、**
企業ではないだろうか。

企業は最高、最強の社会人教育機関であると私は考えている。
残念ながら今の日本企業は、社員を家族のように大切にする
伝統的な日本型経営を放棄して、
会社は株主のものというアメリカ型経営になり下がり、社員を私物化し、
自社の経済活動のために使うツール、労働力、つまり企業戦士と位置づけている。
かつて企業は社会の公器という考え方があった。
企業も社会の一員、企業市民である。
社員を労働力というより人間、
社会人と認識することが大切ではないだろうか？

私は、日本の企業が日本的経営を放棄して、
アメリカ型経営に切り替えるのは間違っていると考えている。
両国にはその国家の成り立ちに伴う、決定的な価値観の違いがある。
誰もが知っているように、
アメリカは多種多様な価値観を持つ移民で構成される多民族国家である。
そういう社会で共有できる価値観は、極端にいえば命とお金であり、
アメリカ社会、企業がお金に集中するのは当たり前であると私は考えている。

一方の**日本は、**これも極端にいえば単一民族、単一文化、
多種多様な神様も仏さまも同居する多神教国家で、
お金や命だけを共有する価値観ではない。
そのことに気づかず、グローバリゼーションを誤解した
一時期の政府幹部の声高な主張に惑わされたかのように、
企業はこぞってアメリカ型経営に走ってしまった。
そして社員は市民／社会人ではなく企業が所有する労働力、企業戦士、

企業は社会の公器であることを忘れた単なる営利集団となってしまった。
その結果、日本人は日本の伝統文化を忘れ、
ただひたすら経済的豊かさを追い求め、
何事もお金で解決することに走るようになってしまった。
日本人としての民度が下がってしまったといえる。

私は、政治も教育も民度以上にはならないと考えている。
1億2千万人の民度向上の方法などない、
落ちるところまで落ちるしかないのかもしれない。
しかしながら企業は最高、最強の社会人教育機関と考える私は、
企業こそが民度向上を図れる可能性を秘めた唯一の組織ではないかと思う。

そこで私は、世界第二の経済大国といわれるほどまでに
戦後の貧しさから脱却した時点で、
経済発展を追求した目的は何だったのかを振り返り、

経済発展がもたらした社会の実態を見つめ、豊かさを取り戻した後の**経済発展の在り方を再検討すべき**ではなかったか？
あの**バブル経済崩壊は、**
そのことを気づかせるべき天の声だったのではないか？
それにもかかわらず、単なる経済復活にこだわり続けていた結果が、失われる10年、20年、30年となったのではないだろうか？などと考える。

そこで私は、自分の85年の人生体験をベースに、経済発展に走り続けた日本社会の実態を振り返り、今後進むべき企業経営の在り方の一例を提示し、次章では、時代の要請に応えられる新たな日本的経営の創造を、読者の皆さんとともに考え、追求していくにあたってのきっかけを提案したいと思う。

第3章

企業が変われば社会が変わる

「資本主義のための人間」から、「人間のための資本主義」へ

日本は戦後の荒廃から世界も驚く速さで経済復興、経済発展し、
世界第二の経済大国と評されてなお、
さらなる経済発展、拡大をただひたすら追い続け、
1979年には、著名なアメリカの社会学者が、
日本的経営を高く評価し、
〝Japan as Number one〟と題した著書を出版。
そして日本中がその勢いに浮かれていた1991年、
後にバブル経済と評される日本経済が一気に崩壊した。

私たちはその時点で、日本社会の実態を振り返り、
経済発展の目的は何だったのか、
問い直すべきタイミングが来たにもかかわらず、
国も国民も、社会の実態を振り返ることなく、
お金を貯めこむだけで新たな挑戦をするわけでもなく、
自信をなくしたようにただ悶々としているうちに、
30年が過ぎてしまった。

ところが最近、日本の株価が急騰し、
春闘では組合要求への満額回答企業が続出、
日本経済は長期低迷から脱出しそうな兆しがある。

しかし私は、再びあのバブルのような、
単なる経済規模拡大に走るべきではないと思う。
経済発展は、国家の繁栄と国民の幸せのためであろう。
長期にわたった右肩上がりの経済発展のあとを顧みて、

前章で述べたような、経済発展の後遺症ともいえる日本社会の現状を変えなければならない。

経済発展を牽引するのは企業である。

企業が変われば、社会が変わる。

長期低迷のなかで、最近岸田政権が、**「新しい資本主義」**なる提案をしている。コンセプトは、「成長と分配の好循環」と「コロナ後の新しい社会の開拓」。その政策は、資本主義の下でひたすら経済発展に走った結果、生じた貧困拡大、中長期的投資不足、持続可能性の喪失、都市と地方間格差などへの対処を目的としたものといわれている。

これの、**一体どこに「新しさ」があるのだろうか？**

これは、これまでの資本主義に基づく経済発展が引き起こした問題対策の一つかもしれないが、

決して「新しい」資本主義ではなく、
これまでの資本主義の延長線上に過ぎないといえないだろうか？

世の中に**いろいろな×××主義**、あるいは**いろいろな宗教**などがある。
しかしながら薄学な凡人である私には、
これらはすべて**人間のために、人間が考案、**
あるいは見出して提案したものと考えている。
極めて単純な、庶民的思考といわれるかもしれないが、
それらは人間が生きていく上で、社会生活を営む上で、
一つのツールに過ぎないのではないだろうか？

それにもかかわらず実態は、これらの「主義」や「思想」により
人間が振り回され、骨肉の争いを引き起こし、
不幸にさえなっていると感じられて仕方がない。

資本主義の下、物質的豊かさの飽くなき追求は、
幸せを求めての活動の一部に過ぎない。
経済的成果追求の組織である企業で働く人間は、
たった一度の人生の、限られた時間の、
起きている時間の大部分を、予算作成とその達成のために消耗し、
その対価としての金銭の多少に一喜一憂し、
若さやエネルギーを使い果たした人生の終盤、
定年といって社会に放り出されている。
資本主義のための人間使い捨てである。

「新しい資本主義」とは、
これまでの「資本主義のための人間」を、
「人間のための資本主義」に転換することではないだろうか？

— 第 3 章 —

企業が変われば社会が変わる

経済規模の世界ランク追求ではなく、国家の発展と国民の幸せを目指す

あの戦後の荒廃から見事な経済復興、経済発展を遂げ、世界第二の経済大国といわれることに慣れてしまった日本。

しかしながらバブル経済崩壊後の長期低迷の間に、中国にその場を奪われ、今さらにドイツに、遠くないうちにはインドにも追い抜かれるという評価があるなかで、今再び世界ランクを取り戻したいという思いがあるかもしれない。

しかし私は、そのような**ランクの追求は無意味**だと思う。世界第1位のアメリカ社会を見るがいい。

アメリカンドリームを実現し、あふれるばかりの富を得て、
思うままに人生を楽しんでいる人もいるだろう。
その一方で、きわめて貧しい人たちも多い。
仕事による貴賤、人間差別がはびこり、弱肉強食の競争社会、
貧富の差は激しく、社会には命の危険もある地域もあり、
夜間だけでなく日中でさえも、
ニューヨークの地下鉄に乗るには覚悟が要るだろう。
国論は真っ二つに割れ、
移民問題では、テキサス州とニューヨーク州の間で、
南北戦争さえ起きそうな雰囲気である。
このような社会をうらやましいとは思わない。

世界第二位の中国も、共産党一党支配の下で、
経済発展の恩恵享受は民族間、地域間で大きく差があり、
国民はその行動から思想までが

共産党の監視下という総監視社会。
一方で経済力にものをいわせた国際社会での行動は、
時には横暴と映る。
このような状態を国民は誇りに思い、
心の底から幸せを享受していると感じているのだろうか？

経済規模は国家の力という面があるかもしれないが、
何よりも大切なことは、国家の繁栄と国民の幸せではないだろうか？

そのために注目すべきは、**経済的規模の大小より価値創造の大小、**
一人当たりの生産性の高さ、経済力行使の仕方、
何よりも、誇りある行動と国民の幸福感であろう。
これらを左右するのは国民の質、つまり民度ではないだろうか？

— 第 3 章 —

企業が変われば社会が変わる

少子化時代にふさわしい経済発展の在り方を追求する

少子化の進行で労働人口減少が危惧され、その対策の一つとして外国人の受け入れが期待されている。外国人の受け入れについては、大きく分けて二つの例がある。一つは高度な能力を持った外国人の受け入れであり、他の一つは、単純に人手不足を補うものである。いずれの場合も、外国人が働きにくるに値する魅力が、日本にあるのかという課題がある。

それ以上に重要な課題は、異文化の人たちに対する日本社会の対応能力である。
異文化導入は、和魂漢才、和魂洋才という日本の近代化に
大きな役割を果たしてきた。
しかしながら現在の日本社会は、戦後の経済発展のなかで、
その歴史も文化も日本人の心さえ失い、
無魂米才、無魂洋才とさえいえる、日本人の日本知らず状態。
加えて単一民族、単一文化しか知らない日本社会に、
大勢の異文化の人たちを受け入れて、
社会秩序を維持できる力があるのだろうか？

あの異民族受け入れ経験豊富な西欧社会が、
積極的に難民を受け入れた結果、
今、直面している社会問題を考えてみるがいい。
経済発展にこだわるあまり、社会は乱れ、
固有の文化がさらに消えていってよいはずがない。

別の視点では、経済的に豊かな日本が、
自らは子供を産み育てることをしないで、
発展途上国の人たちが苦労して育てた人たちで補充するという、
安易な発想で人手不足を解消しようとする目論見は、
実に身勝手な発想ではないだろうか。
そのような取り組みの一方で、
相変わらず定年制という、自国民の使い捨てを続けている。
労働人口減少が問題だというなら、高齢者といえどもまずは、
自国民が精いっぱい活躍できる職場づくりに取り組むべきではなかろうか。
そのためには「働き方改革」が重要であるが、
これについては次項で述べることとする。

そのような認識から、少子高齢化先進国である日本が
率先して取り組むべきは、**若年者や労働人口の多少に依存しない、**
国力の維持発展と国民の幸せのための

新たな経済発展方策の創造ではないだろうか。
日本は経済が長期低迷、規模が縮小したとはいえ、
その技術力は今なお世界のトップレベルにあるといっても過言ではあるまい。

世界には、人類の滅亡を招きかねない戦争で、
兵士の数に依存しない新たな戦い方に血道をあげている国もある。
技術先進国、少子高齢化先進国、平和を愛する日本は、
その技術力を最大限発揮して、
若年者（年齢）や労働人口の多少に左右されない、独自の経済発展の道の探求、
ビジネス開発にエネルギーを集中させるべきではないだろうか。
経済発展を若年年齢や総人口の多少に依存するという視点からの発想ではなく、
国民の民度、そのための教育改革、働き方改革にこそ注目する、
発想の転換が必要ではないだろうか？

今、必要とされる働き方改革とは

日本経済が長期にわたって低迷するなかで、
厚生労働省が2019年に発表した定義によれば、「働き方改革」とは、
「働く人が、個々の事情に応じた、多様で柔軟な働き方を自分で
『選択』できるようにするための改革」とされている。
一体この提案のどこが働き方改革なのだろうか？

私は「働き方改革」は、将来を含めて、
今の日本にとって極めて重要な課題だと考えているが、
厚労省が提案する働き方改革は少しも改革ではないと思う。

これまで多くの日本人の場合、まずは就職活動に当たって、
最高学府たる大学卒業生までもが社内教育制度の良し悪しにこだわり、
入社後の働き方では指示待ち使われ人間、
決められた予算達成のため、仕事を苦痛と考えながらも、
予算さえ達成できればよいという働き方をする。
その場合、欠点管理社会でリスクを避けるため、
自ら新たな取り組みをするわけでもなく、規則規定やマニュアル、
さらには上司の指示に忠実に従って働くのを常としてきた。
この激動の時代に、既に時代遅れかもしれない働き方、
過去にベストであったかもしれない規則規定やマニュアルに従って働く、
「会社依存型、指示待ち使われ人間」が一般的ではないだろうか。

このような働き方で社員は能力を伸ばし、
持てる能力を最大限発揮するだろうか？
採用時点では一流大学の成績優秀者にこだわりながら、

こうした働き方を続けているうちに思考力や柔軟性は低下し、
40歳、50歳になると時代の要請に応えられなくなり、
多くの企業ではそのような社員を不要人員として、
一見人聞きのよい人材開発室などという部門、
つまり**吹き溜まり部門**に追いやってきた。

その傾向は大企業に多く、
私はかつて大企業で構成される団体からの依頼で講演した時、
「人材を無駄使いしている大企業が日本をだめにしている。
一流選手を獲得しながら成績低迷の読売ジャイアンツみたいだ」
と主張したことがある。

このような指示待ち使われ人間――
働きを苦痛と思いながらも給料のために仕方なく働くような人が、
「個々の事情に応じ、多様な働き方を自分で選択」などできるはずがない。
働き方改革が目指すべきは、まずは社員が、

年齢、経験を重ねるほどに価値ある人材へ自己責任で成長し、自立、自律した、プロ意識を持った職業人になるような働き方に改革すべきであろう。

そのためにまずは自らの努力で、激動する社会、技術進歩に取り残されないように知識や能力のアップデートに努め、仕事をノルマではなく教材、試料としての腕試しを行い、働かされ、使われるのではなく、自らの意思で働くことが大切であろう。

そのような働き方の下では、社員は年齢を重ね、取り組んだ仕事の数、経験年数が増えるほどに能力が向上し、定年で人を廃物化するような異常な人間対応を解消できる。

さらに、「ノルマさえ達成できればよい」という働き方では、持てる能力を最大限発揮する必要などないが、自らの意思で挑戦的な働き方をする場合には、持てる能力が最大限発揮され、厚労省の期待する目的が達成されるだけでなく、生産性の向上、人口減による労働力不足解消にもなるといえる。

では、どうすればそのような働き方改革が実現できるのだろうか？
それは極めて簡単で、企業が変わることである。

企業が変われば、社員が変わる。

すなわち、経営者と社員を対立関係に置き、社員を経済的業績達成のために雇った労働力、人手やツールと考える無魂米才経営から、経営者と社員は対立関係ではなく、社員はその貴重な人生の時間を、企業の目的達成のために参画する人間と認める、日本的経営へ復帰することである。

そのために企業は、両者で共有すべき価値観と目指すべき目標を明示し、社員を家族同様の仲間として信頼関係を築き、全員参加型経営を目指すことである。

そのような集団では、「目先のノルマさえ達成すればよい」という行動から、先輩は先輩らしく誇りを持てるような行動をし、自己ベストの行動へ転換することが期待できよう。

今の時代に適応した新しい日本型経営を創造したいものである。

時代の要請に応える教育改革を

教育の3つの段階――「家庭教育」「学校教育」「社会人教育」のうち、家庭教育と学校教育期間は、社会人となるための準備期間。一方で社会人教育は、実社会での環境と体験を通じての学びである。

なかでも家庭教育と学校教育における義務教育期間は、人として、日本人としての基礎を身につける重要な教育期間であり、社会人である親たちの影響を強く受けることになる。

しかし、日本の教育は太平洋戦争敗戦の前後で激変した。

敗戦以前の日本の教育は、
日本独自の価値観、方針に基づく教育であり、
家庭教育、学校教育の場で日本人としての基礎、
和の心や志、勤勉さなど、つまり和魂を叩き込まれ、
日本人としての誇りをもって社会に出た。
しかしながら敗戦後の教育は、
GHQという戦争勝者による教育、
その方針によりそれまでの歴史も価値観もすべて否定され、
勝者による歴史認識、価値観による教育となり、
教育の場から日本人としてのアイデンティティを学ぶ機会は消えてしまった。
それでも戦後の一定期間、日本の家庭は、
3世代同居の家族構成であったので、
戦前の教育を受けた祖父母や両親などとの貧しく厳しい生活のなかで、
自然に日本人の価値観と誇り、勤勉さや忍耐力を身につけた。
そしてそれらの人たちが、

世界も驚く戦後の経済発展を成し遂げたといえよう。

しかし今、常に右肩上がりの経済発展のなかで、生まれながらにして**物質的豊かさを当たり前として成長した人たち**が社会の中心となり、家族は、伝統の継承もままならない**核家族化**が進み、家庭教育の場も学校教育の場も、完全にＧＨＱが意図した教育の場となり、無魂米才社会となり、そのような家庭教育、学校教育を受けて社会に出てきた人たちには、あの戦後の経済復興を成し遂げた人たちのような志、勤勉さ、逞しさ、力強さは期待しがたい。

こうして指示待ち使われ人間化したことは、バブル経済崩壊以降の長期低迷と、無関係ではないだろう。

しかしながら、あの忌まわしい戦争から約80年の年月が経ち、

多くの秘密文書が公開されるにつれ、
GHQという勝者が作った歴史、価値観に基づく学校教育が、
いかに日本人の誇りを傷付けてきたかも明らかになってきている。

経済規模の世界ランクなどに一喜一憂するのではなく、
今こそ日本の価値観と方針に基づく
教育への改革を行うべきではないだろうか？

教育改革の第1点目は、
教育の最大課題である人物育成。
そのなかで人間として、
日本人としての価値観と誇り、
和魂を取り戻すため、
日本独自の歴史教育、基礎教育改革である。

教育改革第２点目は、
指示待ち、使われ人間養成の原因になった知識詰め込み型、
受験競争を勝ち抜くためのテクニックを教えることではなく、
覚える教育から学ぶ教育への転換、課題を見つけ、
身につけた知識や技術を自ら活用し、
自ら意欲をもって働く社会人育成教育への転換であろう。
このＡＩが急速に発達する時代に、
単なる知識やノウハウを持った人間育成ではなく、
その生き方、社会の在り方などを自ら考えることができる
人間の育成が大切である。

さらに教育改革第３点目として、
国民均一均質化教育から、個性を引き出し鍛え、
伸ばす教育への転換である。

さらに教育改革第4点目は、
増殖を続けビジネス化した最高学府たる大学を、
名目的な学士増産の場から、
最高学府にふさわしい学びの場へ転換させることであろう。

企業は社会の公器であり、最強の社会人教育機関

ビジネスにおける無魂米才の典型が、
「会社は株主のもの」という考えであろう。
実際、資本主義の下では、
株式会社は理論的にも法律的にも株主のものである。

しかしながら、企業も社会のなかに存在するという視点で考えれば、
企業は社会人同様社会の一員、企業市民として社会とともにあり、
集団としての大きな力を持ち、
社会への影響力が大きいということを考えれば、

企業は社会の公器でもある。

企業は株主の独占物ではなく、
株主、経営者、社員そして顧客、社会によって構成され、
株主はその一員に過ぎない。
そのような視点に立てば、企業は社会を一方的に利用して、
自社の経済的成果さえ追求していればよいという考えは間違いである。

企業が正常に活動するには、そこに安心安全な活動の場、
つまり社会が必要である。
その社会を一体だれが提供、維持してくれるというのか？
社会の維持発展は他人まかせで、
自分だけがその恩恵を被って経済活動しようという考えは誤りであり、
社会人（企業市民）として失格である。

良き社会人として、社会の維持発展に貢献しながら、
その恩恵を被って自らの活動をする——
つまり**企業と社会は、Give & Takeの関係**であるべきではないだろうか。

そして企業は、その組織的活動のなかで、知らず知らずのうちに、
社会人である社員の価値観に大きな影響を与えている。
低下した日本人の民度の回復に役立つ手段があるとしたら、
それは唯一、企業であり、
企業が変われば社会人を変えることができるだろう。
このような企業と社員の関係から、
私は、**企業は最強の社会人教育機関**と考えている。

中小企業庁のデータによれば、企業に雇用されている国民の数は、
２０２１年度でおよそ６７００万人。
その約70％が、社長次第で極めて容易に経営方針を変更できる

中小企業勤務者である。

国民全員を変えることはできないかもしれないが、

多くの企業経営者を変えることができれば、企業が変わり、

そこで働く社員たちは確実に変わっていく。

親である社員が変われば家庭教育が変わり、学校教育も変わり、

子供が変わっていくかもしれない。

そして、学校教育が変われば社会に出てくる人間が変わり、

今度は社員の側から「この会社はおかしい」と企業が変化していく、

この好循環こそが、**「新しい資本主義」**に必要なのではないだろうか?

バブル経済が崩壊すると、生き残るために不正を働く企業が続出した。

経済活動に夢中になる企業に影響・教育されたのか、

手段を選ばない金儲けに走る者も相次いだ。

しかし、不正を働いてまで生き残ることはない。

企業は社会の一員であり、公器である。
社会と企業はGive & Takeの関係である以上、
一方的に社会を利用して、自己利益を図るというのは間違いであり、
何らかの活動で社会に貢献すべきであろう。
それができない企業は、
潔く倒産して社会から消えていくことこそが社会貢献である。

一方で、単なる営利活動に走る企業を、
社会の公器、最強の社会人教育機関と捉える認識に転換するためには、
経営者の意識転換が必要である。
企業経営者は選ばれた国民であるという認識を持ちたい。
そのための啓蒙活動の役割を、
大企業に対しては**経団連や経済同友会**に、
そして企業総数の99・7%を占める中小企業に対しては、
商工会議所の活動に期待したい。

第4章

「いつ倒産してもいい経営」——日本コンピュータ開発の挑戦

非常識経営への挑戦とその背景

私は株式会社日本コンピュータ開発（以下「ＮＣＫ」）という会社で、
私の人生経験をベースに、
「当社の常識は一般企業の非常識」と公言する会社育てに挑戦している。
それは私が考える、「これまでの資本主義に代わる新しい資本主義」への、
また「これまでの日本人の働き方の改革」への挑戦でもある。

私はかつてある大企業集団からの依頼で、
「実験企業日本コンピュータ開発」と題して当社の概要と、
なぜそのような経営に挑戦しているのかについて講演したことがある。

NCKは、1984年に日立製作所（以下「日立」）の孫会社の位置づけで設立されたソフトウェア会社であるが、創業間もない1987年、初代社長が不治の病に倒れ、日立勤務時代に同じ職場で働き旧知の仲だった私が、急遽この会社の経営を引き継ぐことになった。

私はかつて日立で大型コンピュータ開発設計部門の主任を務めていた時、ドルショック不況下で苦しむ取引先中小企業の経営支援要請に応えて出向、翌年役員就任と同時に日立を退社した。

その後、経営が立ち直ると同時にアメリカに渡り、現地子会社設立から顧客開拓、輸入販売、製品開発、製造、経営等に携わり、滞在6年で、社員110人を雇用する電子部品製造販売会社に成長していた。

そのようななかで、日立退社から15年経って、突然の日立グループへの復帰要請であったが、自分の成長のあとを振り返れば、倒産寸前の中小企業の立て直し、アメリカでの起業など、日立にいてはあり得ない貴重な体験の機会を与えてくれた日立に対し、

その恩返しのつもりで、この孫会社の経営引継ぎ要請を受けることを決断し、
急遽アメリカの会社を辞職して帰国した。

1987年といえば、日本はあのバブル経済の真っ最中。
社会も企業も好景気に沸き、浮かれ立っていた。
1939年に生まれ、
「モノ・金にこだわる人は意地汚い人だ」という精神文化のなかで育ち、
直前までアメリカ社会で日々を過ごしていた私の目には、
この日本社会の状況は異常に映った。
同時に、こんな景気が長続きするはずはなく、近いうちに不況になるに違いないこと、
そして景気を牽引するのは企業であり、日本の企業は間違っていると直感した。

一方で、NCKがどのような会社であるのかを知るにつけ、
これも異常だと感じた。
採用した社員はすべて日立グループに派遣し、

教育から日常業務まですべて日立グループに一任。

派遣した社員数に応じて適度の利益を受け取る、

それがビジネスの社員派遣会社だった。

私は日立勤務時代に人材派遣子会社の実態を見て、

派遣会社社員の苦悩をよく知っている。

そのような背景から、私はこの会社の経営を引き受けるにあたって、

この異常な日本社会と企業の実態に疑問を持ち、

企業の果たす役割、つまり社会に置ける企業の役割とともに、

企業の在り方を原点から見直し、

この会社の経営をも根本から見直し、再出発することを決意した。

その結果が、一般企業の常識にこだわらない、

「当社の常識は一般企業の非常識」と公言し、独自の経営理念に基づく、

非常識ともいえる理念経営へのチャレンジだったのである。

「当社の常識は一般企業の非常識」と公言する経営の実際

バブル経済が崩壊して低迷する社会のなかで、最近は「パーパス経営」や「コーオウンドビジネス」、さらには「well-being（ウェルビーイング）経営」などといった、新たな経営への提案が聞かれるようになった。

私の認識では、これらも理念経営の一種であり、NCKは既に35年前から理念経営に挑戦している。

全株式を日立グループから買い取り、そのすべてを社員が所有し、銀行借金もしない無借金経営。

名実ともに社員の、社員による、社員のための会社。その実際は以下の通りである。

（1） 企業としての存在基盤

資本主義の下、企業が経済的成果を追求するのは当然であろう。
しかしそのために雇われ、働く人々が、
そのたった一度の人生の、起きている時間の大部分を、
職場で過ごしているということも事実である。
人生の限られた貴重な時間の大部分を、
単に企業の経済的業績確保のためだけの労働力として消耗してよいはずがない。
社員は労働力である前に人間、経済のために人が存在するのではなく、
人のために経済はあり、経済は人の生活のためのツールに過ぎない。
この非常識経営に挑戦するＮＣＫの経営は、
労働力として社員の人生をお金で買い取り、
経済的成果の追求という経済優先経営ではなく、
社員がたった一度の人生の、起きている時間の大部分を、
この会社で過ごして悔いがないと思える活動の場、人生の場の提供を常に意識した、
人間尊重経営を忘れてはならない。これがＮＣＫの存在基盤である。

（2）経営の基本姿勢

企業が正常な企業活動を継続できるのは、そこに安心安全な社会があるからである。
企業はその社会を一方的に利用して企業活動するのではなく、
社会の一員、企業市民として何らかの形で社会の維持発展に貢献する一方で、
その社会の恩恵を被って企業活動すべきである。
「企業と社会の関係はGive & Take」を当社の基本姿勢とする。

（3）目指す経営

①生き残る経営ではなく、いつ倒産してもいい経営

倒産は、社会からの引退勧告。**社会の役に立たなくなった企業は、**
不正をしてまで生き残るのではなく、**倒産するのが社会貢献。**
大切なことは生き残ることではなく、
元気な時にどのような活動をするのかということである。
人間がつくった企業であり、いつか必ず倒産の時を迎える。
そのため、社員を企業依存型企業戦士に育成するのではなく、

自立型社員への指導育成を心がけること。

社員は自立していて、いつ倒産しても、どこの会社でも働くことができるが、自分はこの会社で働きたいというような会社が一番よい。

②経済的成果追求は目的ではなく、社員育ての結果とする経営

「成果は後からついてくる」との考えから、社員育て最優先の経営を目指す。

（4）経営理念

社員がその人生の貴重な時間の大半を過ごしても悔いの残らない職場かどうかは、その活動に左右される。

そのため、次の経営理念を定め、それに基づいた活動をする。

①社会に役立つ仕事をしよう

儲かる仕事の受注競争で無理な受注をし、社員の原価低減や残業などの苦労で営利を確保しようというのではなく、儲からなくても社会が必要とする仕事の開発競争をしよう。
そうすれば誰とも競争せずに、常にOnly OneでNumber One。
利益は社員の苦労ではなく、経営者の工夫で生み出すものとする。

②社会に役立つ活動をしよう

営利活動だけが企業活動ではない。
社会の維持発展、共存共栄社会を目指した活動もすべき。
これまでに重度障がい者雇用の推進、
中小企業のローカルビジネスのグローバル化支援や、
地方出身者Uターン推進での地方社会維持発展支援、
国際貢献の一環とした海外インターンの受け入れ、
1：9マッチング方式の災害見舞い、
ひとり親世帯や障がい者施設の経済的支援などに取り組んできた。

③社員とともに良き市民になろう

社員を企業の所有物として企業戦士にするのではなく、社員を良き市民へ育成、企業も良き企業市民への成長を目指し、力をあわせて社会に役立つ仕事、社会に役立つ活動に取り組んでいる。

(5) 日常的行動指針

①本音で語ろう、本音で語れる社風を育てよう

失敗しても隠すことも人のせいにする必要もない、欠点管理もしない。失敗を認め公表することこそが教材となり、コストの有効な使い方である。

②仕事の出来高ばかりではなく、誠意や努力もあわせて評価しよう

成果主義、自己中心主義で機械設備のような仕事人間育成にならないようにしよう。社員の評価は、機械設備のような単なる性能、出来高ばかりではなく、能力を高め、誠意をもって活動へ参加する努力もあわせて行う。

財務強化がすべての出発点

アメリカから帰国してＮＣＫの経営を引き継いだ１９８７年、日本は後にいうバブル経済真っ只中で、企業も社会も好景気で湧き返っていた。

その好景気が今後も続くことが、誰にも当たり前と思われていたのだろう。社会に警戒心などまったくなく、安易な銀行借金も手伝って企業は規模の拡大を図り、日本中が自信にあふれたように、その好景気を謳歌していた。

しかしながらアメリカ、つまり外部から帰国したばかりの私には、この状態は異常であり、遠くないうちに不況になると直感できた。
そしてすぐに思い出したのは、
あの日立から経営支援に出向した取引先が、
年間売上高以上の銀行借金を抱え、
不況のなかでその巨額な借金の返済や繋ぎ資金確保に悪戦苦闘する一方、
社員は毎月の予算進捗状況を厳しく管理された、悲惨な思いだった。

不況になれば担保できる資産などないこのソフトウェア会社に、
銀行が融資などしてくれるはずがない。
もし銀行から借金できたとしても、それは社員にとっては悪夢。
絶対に銀行借金などして社員につらい思いをさせたくない、
そんな思いが頭をよぎった。

だから私は、実力以上の借金までして規模拡大を図ることもない、
実力の範囲内で、小さくても光る会社を目指そうと考えた。

その一方で、**大会社の孫会社であるＮＣＫは、**
不況になって経営不振に陥れば、銀行融資の有無にかかわらず、
親会社の自己都合だけで子会社は処分され、この会社の跡形もなくなるであろう。
そのような事態を避けるためにも、財務強化は自立のために必須である。

こうした思いから、この**異常な好景気のなかで警戒心が薄く、**
安易な取引価格交渉ができるという環境を活かして利益をため込み、
思い切った財務強化を図ることにした。

そのことが功を奏して、
バブル経済が崩壊し経済社会が混乱するなかで、
ＮＣＫはリストラや社員の採用中止をしないだけでなく、
一度として銀行借金に頼ることもなく、
常にリスク承知の経営に挑戦し続け、
企業寿命30年といわれるなかで、今、創業40周年を迎えている。

— 第 4 章 —

「いつ倒産してもいい経営」——日本コンピュータ開発の挑戦

全株式を社員が所有する、社員の、社員による、社員のための会社

日立の孫会社という位置づけで設立されたNCKは、経営もビジネスもすべて日立に依存することを前提にした会社であった。その株式は、日立グループ企業とその関係者の所有となっていた。

しかしながら、私が経営を引き継いでからは、会社としての基本姿勢はGive & Take——つまり自立である。そして目指すべき経営は、「当社の常識は一般企業の非常識」と公言する、独自の経営理念に基づく理念経営であり、そこに働く社員は、単なる「経済的業績追求のための人手」ではない。

職場は、社員が悔いなくその人生を送る活動の場である。

そのような独自理念に基づく理念経営を実現するには、自立、まずは親会社による経営支配を脱することが必須条件である。

そもそも、資本力で株式を持っているというだけで、**当社の発展になんら貢献しない外部の人たちのために社員を働かせる**というのも受け入れがたい。

さらに**所有する株式を売り飛ばして利益を得ようというような人たちに、当社の株式を持たせたくはない。**

また、**その実力以上に規模拡大を目指すのではなく、小さくても社会のなかで光る会社を目指す当社**では、その株式は会社の活動、発展になんらかの形で参画する人たちで所有し、その成果もそのような人たちで分配したい。

そのような発想から15年以上の年月がかかったが、
親会社を含めた外部の人たちが所有するすべての株式を買い取り、
新たに創設した社員持ち株会と、
生え抜き社員で構成する経営陣で全株式を所有、
売買価格はすべて額面ということにした。

全株式を経営陣と社員で所有するという効用は予想以上で、
ロシアによるウクライナ侵攻が引き起こした急激なインフレに対し、
全社員に対する複数回のインフレ手当支給や、
一般社会の一人親世帯生活支援という社会貢献活動を、
業績にかかわらず実施した。

このような活動は、全株式を社員が所有しているから可能なのである。
さらに、**自分たちだけが喜ぶのではなく、**
社会のなかで困っている人たちを支援し、ともに喜べるような活動で、社員が誇りに思えるような会社でありたいと思っている。

「誇りある落ちこぼれ集団」を目指す社員採用への取り組み

ＮＣＫでは創業以来、
社員はすべて新規学校卒業者の採用にこだわっている。
それは独自の理念に基づく理念経営で、
新たな企業文化創造を目指しており、
そのためには、社員は他社の経験などがない、
ピュアな人で構成したいとの考えに起因している。
また、Give & Takeという基本姿勢からも、
他社が育てた社員を引き抜いてまで自社の利益を図るのではなく、
自社が必要な社員は、自らコストをかけてでも育成すべきである、

との考えに基づくものである。

この考えは、**親会社からの天下り社員**を断るのにも好都合であった。

一方で、**当社の社員採用は**経済的業績追求のための**人手確保ではなく、**

当社が明示する**価値観と目指す目標に共感し、**

苦労してもその**目標達成に参画することを希望する人**がいたら、

給料を払える範囲の人数を採用するというものである。

そのため景気の動向は無関係、

希望者がいないなら採用者はゼロでもよい。

採用活動では、社員採用は結婚同様、

本人同士の相互理解が重要と考え、

会社側の本人に当たる**経営陣が先頭に立って**対応することにしている。

採用活動での会社説明に先だって、

「就職とはどういうことか」と題した就職セミナーを実施し、

多くの学生の就職活動に見られる、
就職先をあたかも部活先や遊園地を選択することと誤解したような、
あるいは先例を模倣したような安易な就職活動の問題点を指摘し、
まずは学生たちが自己の就職観を持つことが重要という認識から、
その支援のため、人生の先輩としてのアドバイスをするのを常にしている。
そのあとで行う会社説明では、
仕事内容や処遇などのホームページを見ればわかるような事項は
簡潔に済ませ、
共有すべき価値観と目指すべき目標の説明に時間をかけている。

採用試験では経営陣による一回だけの面接試験、
一週間以内の採否決定を常として、学生を長時間不安状態に置くだけでなく、
学生生活に支障をきたすことのないような配慮をしている。
「誇りある落ちこぼれ集団」を目指す当社の採否決定は、
多くの企業が好む**学歴や成績優秀あるいは即戦力化能力の有無ではなく、**

さらには**学歴や成績優秀に優越感情を持つ人ではなく、**
むしろそのような採用基準では不合格でも、当社の理念を理解、賛同し、将来の成長が見込めるＩＴ適性の有無を重視している。

このような採用活動により、
一般に知名度のない**中小企業の新規卒業者採用は困難といわれるなかで、**
当社はこの40年間、応募者、採用者が途絶えたことは一度もない。

社員育てのステップ

日本では、最高学府を卒業した大学生までもが、
その就職先選びの条件として社内教育制度の良し悪しを挙げ、
就職してからは上司の指示、マニュアル、規則規定に忠実に従った、
指示待ち使われ人間となり、生活までも会社依存を好む傾向にある。
一方で当社では、自立型社員育てを基本とし、
学校は勉強するところ、職場は働くところとの認識の下、
仕事に必要な知識や技術を学ぶのは自己責任、
会社主催の職業教育はＯＪＴを基本とし、
会社は社員の自主的成長努力を刺激、支援、機会提供を行ったり、

その支援制度を設けている。

つまり社員育成スピードや効率の悪さを承知の上で、即戦力化を期待した会社主催ビジネス教育はしない。

採用した社員には、どの会社に勤めようと社会人、職業人として必要な基礎能力育成支援のため、毎月の月報提出や年単位の論文提出、毎年1回の全社員対象論文発表会などの制度を設けている。

職業人としての指導育成は次のようなステップで行っている。

1　共有すべき価値観と共通の目標、経営理念を理解した、良き社員、良き社会人

2　作業者ではなく、単一能力技術者でもなく、何でも屋といえるIT専門技術者

3　IT専門技術者としての知識、技術を身につけただけでなく、

それらを活用して経営理念に基づく仕事ができる職業人

4　社会や顧客に対して自らＩＴ活用提案、
　自らの仕事は自らの活動で確保できる自立した職業人

ステップ1は採用の段階から始まっている。
採用活動では、会社説明会を開催し、
仕事や処遇などの説明をするのが一般的であるが、
当社はまず「就職セミナー」を開催し、
「就職とはどういうことか。
学生から社会人になるということは何が変わるのか。
仕事とは自己満足のためではなく顧客満足のために行うもので、
おもしろくはなく、時にはつらいものだ。
ただ、おもしろいことをして喜ぶのは子供の喜び方であり、
大人はつらいことをして喜ぶものである」といった話をする。
その上で当社を特徴づける、

「共有すべき当社の価値観と共通の目指すべき目標」を、十分な時間をかけて詳しく説明する。

仕事内容や処遇などは、ホームページや会社案内を見ればわかるから、簡潔に説明するにとどめている。

つまり大切なのは、NCKがどのような会社で、何を目指しているのかを、十分に理解してもらうことだ。

ステップ2は、

IT技術者集団である当社の社員としての基礎つくりである。

研修はすべて実地訓練、いわゆるOJT。

仕事を通じて成長を促す実践主義である。

一人前のIT技術者になるために、製品開発、顧客業務請負、または顧客先への派遣等、仕事を教材として技術力を磨く。

「作業者」でも「単能技術者」でもなく、「何でも屋」といえるIT専門技術者を育てるために。

ステップ3は、
ステップ2でプロといえるIT技術を身につけたら、
それを自ら活用して経営理念に基づく仕事、
ビジネスを行える社員に成長することである。

そして、最後のステップ4――
これはステップ3と重なる部分もあるが、
自ら「社会に役立つ仕事の提案、開発」を行い、
顧客からの依頼だけでなく、自ら顧客や社会に役立つ仕事を提案できることだ。
このようになれば、自分の仕事は自分で取ってくることができる。

動物の子育ては、当初は親が餌を運び与えるものの、
成長して自分で餌のありかを見つけ、
自分で餌を取って生きていけるようになることをゴールとしている。

当社の社員育ても同様の発想で、
自分の仕事は自分で確保できるようになることを、
社員育てのゴールと考えている。

その結果として、NCKでは全員がIT専門技術者であり、
「全員営業体制」を目指している。
技術者による営業活動は、最も効率のよい営業活動と考えており、
従って当社の組織に営業部は存在しない。

ＡＩと共存できる社員の指導育成と評価

自立した社員育てで社員が目指すべきは、
指示待ち使われ人間として働かされるのではなく、
自らの意思で働くことである。
仕事をノルマと考え、
上司の指示や規則規定、マニュアル依存で、
効率よく課題処理さえすればよいという働き方をするのではなく、
まずは自主的努力で業務に必要な知識や技術を身につけ、
与えられた仕事に期待される目標を理解して、
仕事を教材、腕試し試料として、

その時点でベストな知識と技術を最大限に発揮し、
挑戦的に働くことである。
そのような働き方の結果として、
社員は仕事の数を重ね年数を重ねるほどに実力が向上し、
先輩が先輩らしい価値ある人材になり、
定年などという人の使い捨ての必要性はなくなる。
これが、当社が進める「働き方改革」である。
社員育て最優先の当社では、その支援の一環で、
働く効率の悪さを承知の上で、
規則規定やマニュアル作成を最小限にとどめている。

「当社の常識は一般企業の非常識」と公言する当社では、
朝令暮改も有効な社員育ての考え方だと捉えている。
何事も、一旦決定したからといって、
無条件にその決定通り実行していいとは限らない。

この激動の時代、日進月歩のＩＴ技術、ビジネス環境である。
冬山登山などで、時間をかけて計画したからといえども、実際の条件を再確認し、実行時点で現地の状況や天候など、実際の条件を再確認し、結果によっては中止するのと同様、
実行時点で決定条件や環境条件、技術進歩等を再確認し、
自信を持って行動、必要なら勇気をもって変更、
あるいは中止することが大切である。

さらに社員育ての一環として、常識はもとより、
法律や規則規定、上司の指示もマニュアルも、
時には道徳でさえも破って新たな挑戦をすることを奨励している。
その生まれた背景や意味するところを認識することなく、
盲目的に守ることがよいとは思わない。
それらはいずれも過去の、その時点でのベストかもしれない。
しかしながら、この激動の時代においては、

現状維持は取り残されることと同義である。

記録を打ち破るために努力するスポーツの世界のように、時代の先端を走るIT技術者は、法律でも規則規定でも、マニュアルなどはもちろん、これらを常に更新するくらいの勢いをもつ、挑戦的な働き方を通じた成長が大切である。

しかしながら、いかに時代や環境が変わろうとも、私たちが絶対に守るべきことがある。

それは、「人は誰もが皆、意識するかしないかの別はあっても、幸せを求めて生きている。その他人の幸せを邪魔する権利は誰にもない」ということではないだろうか。


ITは時間空間を超えて、過去に不可能だったことを可能にする、蒸気機関の発明にも等しい、あらゆる業務に有効な画期的技術である。
従って、まずは社員をＩＴ専門技術者に育て、
その配属にあたっては、多少の効率低下を覚悟の上で、
機会あるごとに未経験業務に配属。
社員を一分野のＩＴ技術や特定業務に特化した技術者に育てるのではなく、
社員の能力の幅を広げ、社員の多能化――「何でも屋」の育成を目指している。
そうすれば将来の技術進歩、あるいはＡＩの発達により、
既存の業務がＡＩにとって代わられても、
活躍の場がなくなることはない。

給与・賞与支給額決定のための社員評価は、
行動指針2の考え方の下で行われるが、
上司の一方的な認識による査定とならないようにするため、
春と秋に1回ずつ、社員による自己申告制度を設けている。
全社員がその時点での自分の能力の棚卸しを行い、

対象期間に新たに身につけた技術や知識の有無を振り返り、記載して提出するものだ。

これは本人の認識や意見が査定に反映されるだけでなく、上司の一方的認識や誤解による誤った査定を避け、本人にとっては自己成長の実態を自分で認識するとともに、これからの努力目標設定の参考にもなる。

役職をツールとした管理職、後継経営者の育成

少子化が進行する最近の日本の中小企業では後継者不足問題が深刻化し、あるいは突然の事故などで経営者を失い倒産するという例が後を絶たない。

私が経営を引き受けた当時、全社員を新規学校卒業者で構成し、最年長者でも22、23歳であった当社には、私以外に管理職、ましてや経営を経験した者は一人もいなかった。

そのため、一般的には社員の成長結果として役職を任命するが、当社のような新卒採用で社員が構成される会社では、20歳前後の新卒者が管理者能力、まして経営能力を身につけるまでの道のりは長く、ただ一人の経験者である私に事故があればそのまま倒産、

それでなくても中間管理職なしでは、組織運営さえもままならない。

そこで私が元気なうちに、後継者、管理職社員を育成することを目的に、役職を役職者育てのツールとして活用することにした。

その場合、当社における役職は成長の結果ではないことは当然として、役職は偉さでも権力でも、成長のゴールでもなく、単なる役割である。

その時点では実力がなくても、管理者として育成したい社員に役職をつけ、私が補佐しながらその役割への挑戦、経験を支援することにした。

その後、一定の経験を積んだところで、その役職を後輩に譲り、自らは後輩育て支援に回ることで、社内に多くの経営経験者、中間管理職経験者が生まれることになる。それらの社員を組織の要所要所に配置し、力を合わせて行動すれば、一人ひとりの能力は不十分でも、あるいは誰か一人に事故があっても、組織運営は盤石になる。

石垣理論と70％経営

日立の孫会社という位置づけで設立された当社のビジネスは、そのすべてが日立1社との取引だった。

かつて私が日立から経営に苦しむ取引先に経営支援のため出向した時、その経営危機の原因の一つが、日立との取引額の総売上高比率が80％という、1社依存体質にあったことを知る私にとって、日立1社との取引は極めて危険と認識された。

しかしながら、設立当時はバブル経済真っ盛り。社員の採用は極めて困難で、日立以外の取引先を開拓する人的余裕がまったくなかった。
そのような状態で突如発生したバブル経済崩壊で、日立取引が急減した。
これは一般的には経営のピンチであるが、
当社はバブルを活用して十分な財務強化を完了していたので、
日立取引の減少で人的余裕ができ、
日立以外の顧客開拓に乗り出すチャンスとなった。
その時、幸運にも流通大手からの大型プロジェクト受注が決まり、
1社依存からの脱却に成功した。

ただし、1社依存の体制から脱却できたとはいえ、
いずれも大企業とのビジネスである。
一般的には、大企業取引を喜ぶ傾向にあるが、
一旦受注を逃せば大きな空きが生じる危険性があり、経営的には不安定要素である。
丈夫な石垣は、決して大きな石だけで構築するのではなく、
大きな石の間に小さな石や土を埋め合わせることで、初めて強固な石垣になる。

これと同じ発想から、顧客開拓を中小企業にも向け、
将来的には大企業と中小企業取引割合を、
それぞれ50％ずつにすることを目論んでいる。

一方、日本社会は、何かにつけ欠点管理社会であり、リスクや失敗を嫌う。
たとえば、銀行で勘定が1円でも合わなければ、
行員が徹夜してでも原因を追及するような完璧管理社会だ。
しかしながら、社員育て最優先の当社にとっては、失敗こそが最良の教材。
激しい技術改革の真っ只中にあるＩＴ業界としては、
失敗があるくらいの事項にチャレンジすることこそが発展の源泉である。

そこで当社では、致命的な失敗はしないように注意しながら、
完璧でなくても合格点である「70％の成功」を目指し、
勇気を持って新たな事項へ挑戦することを推奨している。
いつまでも吟味することに時間をかけるなどの

時間的ロスを避けるべきだと考えている。

規則も予算も、位置づけを知る羅針盤に過ぎない

近代的な企業運営は、規則規定をきちんと整備して、
それに基づく契約に従って計画的に管理運営すべきだという考えがある。
すると、何事も規則や契約に照らし、ＹｅｓかＮｏを明確に分けることになる。
このような契約社会では、あらゆる事項について規則規定を作る必要があり、
その作成から維持管理には膨大な労力と時間を費やすことになる。
そうした社会では、規則規定などで人間を縛るだけでなく、
規則規定がなければ原理的には何を行ってもいいという発想を誘発し、
規則がないことを理由にその抜け道を見つける、
あるいは「規則さえ守っていればよい」という発想になり、

必要なことすらしないだけでなく、
精一杯の能力を発揮しようともしなくなる。

私は、自然界やそのなかで生きる人間は、
本来はデジタル型ではなくアナログ型ではないかと思っている。
すべてがＹｅｓとＮｏで区別できるはずがない。
それを規則規定で縛り、デジタル型管理を行おうとすると、
それがストレスとなって人間を破壊するだけでなく、
社会に多くの無駄な仕事を生み出し、このことは予算にもいえることである。
社員は多くの時間を使って予算を作り、その予算に縛られている。
予算達成のために無茶な働き方をすることもあれば、
予算さえ達成すればいいという考えから、
持てる能力を精一杯に発揮することもなくなる。

当社は多くの規則規定を整備して、

何事もその規則規定に従って事務的に処理するのではなく、
むしろ規則規定作成は必要最小限にとどめ、
規則規定に記載がない課題なども含め、その時点でのベストを尽くして、
理念に照らして処理するのを常としている。
たとえば、就業規則のなかで休職期間は最長1年、
それをオーバーすると退職することになっているが、
社員のなかには5年たって職場復帰した社員もいれば、
規定も制度もなかった時から在宅勤務を続けている社員もいる。

非科学的との批判もあろうが、人間はアナログ的管理でいい。
規則や規定というものは、行動や活動の位置づけを把握できればいい。
その作成や改定などで無駄な苦労をすることはない。
このような取り組みを行う上で大切なことは、
集団としての価値観を明確に定め、
構成員すべてに周知徹底して共有するとともに、

日常的に信頼感の醸成に努力することであろう。

当社は社員採用時点から、共有すべき価値観と目指すべき目標を、時間をかけて周知徹底するだけでなく、職場単位、入社同期生単位等でたびたびグループ会を開催、あるいは毎週月曜日に「週刊ＮＣＫ」と題したＷＥＢ広報、さらには季刊社内報を発行することに加え、すでに40回にもなる毎年１回の社員旅行を続け、日常的に価値観の周知徹底と信頼感醸成に努めている。

当社が目指す集団の在り方は、家族型集団である。

家庭には規則規定などない。

そこにあるのはアナログ的な、暗黙のうちに共有している価値観であり、目標である。

規則規定などによる契約社会は、欧米価値観に基づくものであり、相互の不信感に基づいているといえるのではないだろうか？

あとがき

私は、33歳で一旦は退社した日立製作所（日立）に、退社後15年目の１９８７年、かつて上司だった日立幹部の要請を受けて出戻り、日立の孫会社の位置づけで設立されたソフトウェア会社、日本コンピュータ開発（ＮＣＫ）の経営を引き受けることになった。その直前までアメリカで起業した会社の経営に当たっていた私が、帰国して最初に目に入った日本社会の状況は異常だった。

１９８７年といえば、バブル経済の真っ最中。

日本中が、社会も企業も好景気に浮かれ、他者にも社会にも無関心、手段を選ばない営利活動に夢中になり、物質的豊かさを謳歌しているように、私の目に映った。

戦前生まれで「モノ・金にこだわる者は意地汚い者」という

精神文化のなかで育った私には、
予想もしなかった日本社会のありさまだった。
経済社会を牽引するのは企業である。
私は**「日本の企業は間違っている」**と直感した。

しかし、私が経営を引き受けたＮＣＫは、
日本を代表する大企業の、生まれて間もない孫会社。
親会社の言う通りの会社になってはならないと思いながらも、
大企業の都合で設立された会社で、その意向に反した経営などできるのだろうか。
一体どのような経営を目指すべきなのだろうか。
大変な難問であるが、行動しない限り成果はない。

そこでまず、社会のなかでの企業の位置づけと存在価値、
その役割を根本から見直し、独自の経営理念を定めることにした。
そして当時としては珍しい理念経営に挑戦することに決めた。

その考えの基本となるのが、知人友人など周囲から、
「波乱万丈」と評される私の人生体験だった。
一方の親会社への対策としては、日立退社以降も交流を続けていた、
退社15年の間に幹部の位置になっていた知人の力を活用することだった。

出戻り入社から37年経った今、
親会社からの天下りを受け入れず、社員はすべて新卒採用で構成、
日立グループ所有株式すべてを買い取り、
全株式を社員と経営陣が所有し、無借金経営で、
「当社の常識は一般企業の非常識」と公言する、
名実ともに「社員の、社員による、社員のための会社」となった。
その独自の経営理念、そのような経営に挑戦するに至った背景などは、
前述の通り、私を知る友人知人が「波乱万丈」と評する私の人生体験にある。
本文でも述べてきたことであるが、
私が歩んできた「波乱万丈」のあとを振り返ることで、

本書のあとがきとしたい。

私は1939年、大分県の片田舎で、貧しい農家の3男として生まれた。11人兄弟姉妹、3世代同居の大世帯での日常生活は大変で、少年時代は空腹をしのぐため生のさつまいもをかじり、野山を駆け回って遊んだ。

小学校入学時には、
学生服やランドセルなど買ってもらえないのは当たり前。

靴など買う余裕もなく、寒い冬でも素足に草鞋といった格好だった。

それでも1年に1回、正月が来ると、
日ごろ買えないものを何か一つ——たいていは足袋か下駄、時にはコマなどを買ってもらうことがあった。

だから「もういくつ寝ると、お正月♪」というあの童謡のように、正月が来るのを指折り数え、首を長くして待ったものだった。

貧しくても心がワクワクして、決して不幸ではなかった。

このような家庭状況では、大学進学などもってのほか。
高校進学さえもやっとの状態である。
中学卒業と同時に就職する同級生もいるなかで、
私は手に職をつけ、**早く就職して自分で生きていくため、**
職業高校に行くチャンスをもらった。
そして就職を迎えた時、
これまでは親の世話になって高校まで進学させてもらったが、
さらに勉強したければ、**これから先は自分で切り開くしかない、**
そのためにはこのまま田舎に残るのではなく都会に出て、
社内教育制度がある優良企業に就職するしかないと考えた。
そこで日本一の大都会東京へ出て、
日本一の大企業日立製作所（日立）への就職に挑戦した。
全国から入社希望者殺到のなかで、
幸運にも九州出身合格者2人のうちの1人として入社できた。

これによって、18歳にしてはじめて、
家族から、懐かしい故郷から離れて生活することになった。
一人で生きる人生の始まりであった。

こうして入社した日立での配属先は、
日本では開発が始まったばかりのコンピュータ開発部門。
私以外の同期新入社員も職場の先輩たちも、皆、旧帝国大学出身者ばかりだった。
給料ばかりでなく寮施設までも学歴差別があり、
入社早々、大きなショックを受けたことを覚えている。
考えてもどうにもならない現実に、**「反省はしても後悔はしない」**——
つまり「できることをできる時に精一杯やるのみ、
それでできなければ、能力がないということだ。
これから頑張ればよい」という考えで生きる覚悟をした。

考えてみれば、今の自分は、これまで生きてきた結果であり、過去は変えられない。

しかしながらこれからの努力次第で、今後の自分を変えることはできる。
つまり**「今日という日は昨日の次の日」**であり、
「今日という日は明日の前の日」である。
「考えてもどうにもならないことに悩むのではなく、
明日のために今から頑張ればよい」と心に決めた。
だって、私はまだ20歳なのだから！

ところが幸運にも入社2年後、国内トップクラスの大学教授を社外講師に迎え、
社員としての給料や賞与をいただきながら、
仕事に代わって毎日8時間の大学教育を行う社内教育機関が開校した。
私は、日立全事業所から40人しか入学できない、狭き門の試験に合格。
日立の高卒社員のほとんどは、
能力がありながらも貧しさから進学できなかった人たちがほとんどで、
みんなうれしさのあまり無我夢中で勉強した。
さらに、いよいよ卒業を迎えた時に、

クラスから2人だけの研究科生に選ばれるという幸運に恵まれた。
そしてあの中学時代に夢見た日本を代表する国立大学工学部で、
日立派遣研究生として学ぶ機会を与えられた。

論文提出、学会発表を経て研究科を修了後は、
もともと配属されていたコンピュータ開発職場に復帰し、
アメリカのコンピュータ会社との提携によるコンピュータ国産化に従事。
仕事では常に日本工業規格の枠に入らない最先端技術開発、
設計製造へ挑戦し続けた。
試作中心のコンピュータ開発部門は常に赤字続き。
それでも「コンピュータは日本の将来を左右する重要技術。
日立が取り組まずに誰がやるのか」という上司の説明は、
企業の社会的存在意義を、私に気づかせるものだった。

また、26歳を前にした異例ともいえる若さで設計主任に任命され、

アメリカ企業との技術提携製品の国産化に取り組んでいた時に、
突然、労働組合と会社側双方から説得を受け、
労働組合役員選挙への立候補を要請された。
私は労働組合運動にまったく関心がないばかりか、
日中からマージャンやゴルフに興じる組合幹部に好感が持てず、
どちらかといえばアンチ組合の社員であった。
要請には当然猛反対したが、
要請の背景は、労働組合にとっても会社側にとっても、
好ましくない人物が役員選挙に立候補し、
その対抗馬は私以外にない、とのことだった。
要請を受けるか拒否して退職するかとまで考えた末、
田舎者で高卒の自分に高等教育を受けさせてもらっただけでなく、
技術者として育ててくれた日立への恩義を無視できず、
数々の組合改革提案を条件に会社の要請を受けて立候補して、トップ当選。
設計主任と労働組合非専従役員として、法規・調査担当を務めたが、

その日常は、時間を見つけては仕事、時間を見つけては組合業務という、
労働強化の見本のような働き方で日々を過ごした。
しかしながら、労働組合という会社を裏から見る経験は、
後に会社経営者として大変役立つことになった。

そうして入社14年が経った1971年、
ドルショックといわれる米国の金融政策変更による
世界的経済混乱のなかで、
日立依存率80%の取引先中小企業が経営危機に陥り、
私を名指しして日立への経営支援要請があった。
私は創業間もない頃から、
京都に本社を構えるハイテクベンチャー企業といえるこの会社を、
重要輸入部品国産化のための、その育成支援を通じてよく知っていたので、
主工場の工場長としての経営支援要請を引き受け転属する覚悟を決めた。
しかし倒産した場合日立への復帰の道を残すべきという

日立の配慮で、日立に籍を残しての出向となった。
ところが翌年、私は製造担当取締役に選任された。
役員になってまでも自分だけが逃げ道を確保していることに
納得できず、自ら要請して日立を退社した。
これが人生初めての転職であり、
年商を上回る借金地獄、倒産寸前で従業員の不平不満が渦巻く工場の
工場長として、波乱万丈の人生が始まった。

ところが日立退社手続き終了直後、突如発生したオイルショックで、
日本はもとより世界中の経済が大混乱となった。
日立時代の上司や仲間は、私が家族に障がい児を抱えながら、
早々に日立復帰への道を絶ったことを大変心配してくれた。
しかしながら、私はもともと転属を覚悟して
経営支援を引き受けたので、迷いも悩みもなく、
ただひたすら経営立て直しに全力で取り組んだ。

それでもそのような環境下で、すぐには期待に応える成果が出せず、役員会では非難の集中砲火を浴び続けた。
悪戦苦闘しながらも、まずは従業員との信頼関係構築に取り組み、混乱する社員の意識を改善、ベクトルを合わせて力を結集、合理化投資もした結果、
6年間で量的生産性が10倍まで上がり、会社は順調な発展軌道に乗った。

そこで飛び込んできたのが、さらなる発展を目指した海外進出、その担当として単身渡米、現地での起業という社長命令である。
日立ではコンピュータ開発技術者、この会社では製造担当で、会社設立などの知識も経験もまったくないだけでなく、
もともとは田舎者で、英語は学生時代から一番の苦手。
会話はもちろん、読むことすら幼稚なレベルで、
ビジネス習慣も価値観も違うアメリカでの起業――
それでも社長命令なのだから、避けるわけにもいかず、逃げる街も知らない。

進出先は教育レベルが高く、日本人が少なく、
日本人が手を付けていないという理由でミネソタ州が指定された。
会社が用意してくれたのは片道航空券と現金3000ドル、
それに名前は知っていても、見たことも使ったこともないクレジットカードだけ。
40歳にしての大冒険であった。

初の単独海外渡航、不安いっぱいでのサンフランシスコ乗り継ぎを経て、
やっとミネソタについたものの、
到着してはじめて当日のホテル予約はされていないことに気づいた。
まったく知識も経験もないなかで、辞書を片手に当日のホテル確保から開始。
その後、次々とホテルを渡り歩いた後、やっとワンベッドルームのアパートを確保し、
そこを本社として会社を設立したのである。
従業員も経営トップも自分一人でのスタート。
それから6年間の滞在期間で補助員2名を雇い、
顧客開拓、輸入販売、工場建設と進め、

工場を稼働させる段階で、日本から担当役員や製造技術者を迎えた。
しかしコストの高い現地生産で、赤字が続いた。
そこで日立時代の技術的知識を活かした営業活動で、
当時「ミニコンのＩＢＭ」といわれた世界企業ＤＥＣに、
技術的な困りごとのにおいを嗅ぎつけ、解決のための独自製品を開発提案し、受注。
開発者利益の多い巨大なビジネスに成功した。
気づけば、滞在６年間で社員１１０人余の業績好調な会社になっていた。
言葉だけでなく、起業や営業の知識も経験もまったくないなかで、
アメリカでの起業が成功できた要因を振り返ってみると、
思い当たるのは次のようなことである。

①日立時代に身につけたコンピュータハードウェア技術と、それを活かした技術者営業

ビジネス規模では巨大なコンピュータ会社ＤＥＣだが、
電子回路技術では日立の方が先行していて、私はその担当技術者の一人だったため、

DECが困りきっていたことを即座に理解し、解決方法の提案と、1週間での試作サンプル、1カ月での認定サンプルを提出することができた。

技術者営業は、顧客の困りごとへ解決策の提案営業ができる効率良い営業である。

②ベンチャー企業が開発したばかりの製品でも、要求を満たせば即採用するという、アメリカのビジネス習慣

日本のビジネス社会では、いかに性能や機能のよい製品であっても、採用実績がない製品は、たとえ品質がよくても採用されない。

ところが、この製品でDECは、開発費用はもちろんのこと、生産態勢づくりに必要な設備投資費用も提供、さらに最初1年分の発注まで実施した。

その結果、アメリカの会社は、設立4年目には優良企業の軌道に乗った。

＊

そうした通算6年間のアメリカ滞在、日立退社から15年経った１９８７年、日立退社後も交流を続けていた日立幹部の元上司から突然、日立の孫会社の位置づけで創業間もない、この日本コンピュータ開発の経営引き受け要請が飛び込んできた。

私は、アメリカから帰国後は親会社の社長就任が予定されていたが、社長就任だけでなく15年間の役員退職金も辞退し、社員30人余、創業3年目で、アメリカ企業経営時代の半分しか給与を払えない、この会社の経営要請を引き受けた。

そのような決断をしたのは、日立勤務時代の職場先輩である初代社長が不治の病で、明日をも知れない緊急事態にあったことも理由の一つだが、工業高校卒で入社後、きわめて恵まれた環境条件で高等教育を受けさせていただき、さらに**ビジネスマン、技術者としての基礎教育を施し育てていただいた日立への恩返し**が決定的理由であった。

大変なコストをかけて教育していただいたにもかかわらず、
倒産寸前の中小企業の経営立て直しへの出向を許可していただき、
それがまたアメリカでの起業という、
普通ではあり得ない貴重な経験をさせてくれた日立は、
私にとって社会人、職業人としてだけでなく、人生の恩人である。

私は人生論や経営学の書籍などもほとんど読んだことはないが、
このような人生を歩いてきたなかで、その時々に多くの学びがあった。
それらが人生の糧となり、社会を見る目となり、独自の経営へと繋がった。
私が得た学びを、あらためて列挙してみたい。

①貧しいなかで、貧しいままに、家族をあたたかく守り育ててくれた、
見せるべき背中を持った両親、支え合った兄弟姉妹。
時には向こう三軒両隣という隣近所、地域の人たちにも育てられた。
貧しくても不幸ではなかった。

②古き良き時代の、日本を代表する大企業の日本的経営のなかで、社会人、職業人としての基礎をじっくり教え育てられた。

貧しさから進学できなかった若者に学ぶ機会を提供し、

大企業でありながらたった一人の、

経営支援に送り出す社員への倒産の場合も考えたあたたかい思いやり、

目先の利益を無視してまでも国家のために技術開発投資を続ける、

企業の社会的役割認識など。

③巨額借金を抱え、倒産寸前にまで落ち込んだ企業の従業員の、

やり場もなく渦巻く不平不満。

こんな経営をしてはならない。

経営者の判断、行動が、社員の幸せを左右する。

④知識も経験もなく取り組んだ、異文化社会での起業と経営。

「為せば成る何事も」そして**「成果は後からついてくる」**――
ビジネスでは厳しい交渉、しかし一旦仕事を離れると、
人種や国籍を超えたあたたかな人間性あふれる人々。
帰国によってビジネス関係は切れて40年になる今も続く友情。
仕事の切れ目が縁の切れ目ではない。世界は広くとも、人間は皆同じである。

⑤「人の人たる所以は、人と人との結合にあり」――
これはあるドイツ人の著書にある言葉という。
日立時代の総務部長が事あるごとに口にされていた。
仕事の切れ目が縁の切れ目ではない。出会いを大切にしたい。

⑥アフター5だけが人生ではない。
たった一度の、限りある人生の、
起きている時間の大部分を過ごす職場は、貴重な人生の場である。

⑦人生は自己責任、自分で豊かにすべきもの。
そのためには**働かされるのではなく、自らの意志で働くべき。**
仕事をノルマ、苦痛材料とせず、
自己成長のための教材であり、腕試し試料として活用すべき。
生きてきた証ともいえる思い出の多くは、
悪戦苦闘の人生経験、ビジネス経験から生まれた。

⑧**人は皆、生まれた時から死をゴールとして、幸せを求めて生きている。**
今生きている時を精一杯生き、**死ぬ時が来たら、**
マラソンのゴールのように、**拍手喝采のなかでゴールに飛び込みたいものだ。**
企業も、生き残ることにこだわるより、元気な時に何を行うのかにこだわり、
経済社会から不要と認識されたら、潔く倒産したらいい。
生き残るより倒産するのが社会貢献である。
そのためにも、社員は会社依存型でなく自立型への意識転換、働き方改革をしよう。

⑨受験競争に明け暮れ、学歴優秀で社会に出ても、
規則規定に忠実な指示待ち使われ人間となって必死に予算を作成し、
次にはその予算達成のためあくせく働く、
それを毎年繰り返し、ふと気づいたら定年でお払い箱。
たった一度の、自分にしか与えられなかった、
たった一つの自分の人生を、そのような過ごし方にはしたくないものだ。

＊

思い出は生きた証、そして夢は生きる力。
それが私の生きがいの源泉である。
思い出が残るような生き方、それはリスクに挑戦することから始まる。
リスクのある人生にこそおもしろさがある。
そうして生きる**自分の人生は、自分が一生をかけて描く、**

世界でたった一つの芸術作品である。
私は波乱万丈と評される人生を歩いてきて既に85年。
間もなくその芸術作品を仕上げる時がくる。
いつも未熟で完成するということはないかもしれないが、
全力を振り絞って描いてきた自分の作品に悔いはない。

しかしながら言い残したいことがある。
いつの頃からか日本は、その誇りある伝統も文化も見失ってしまっている。
日本人の日本知らず、日本人自身が誇りを失っている。
限りなく民度が下がってしまったということかもしれない。

政治も教育も民度以上にはよくならない。
その民度とは社会人のレベル。
その社会人を、組織活動を通じて知らず知らずのうちに教育しているのは企業。
企業は最強の社会人教育機関である。

そのことに気づかず、最近企業は国民を単なる労働力と位置づけ、ひたすら経済的成果追求に夢中になっている。
資本主義、経済、企業のための労働力としての国民ではなく、国民のための資本主義、経済、社会の公器としての企業へ、
新しい資本主義、新しい時代の要請に応える、新たな日本的経営を創造したいものだと考えている。
そして、本書がそのきっかけになればうれしく思う。

２０２４年５月　日本コンピュータ開発 相談役最高顧問　髙瀬拓士

髙瀬拓士（たかせ・たくお）

1939年、大分県生まれ。1958年、大分工業高校卒業と同時に日立製作所戸塚工場入社。1960年、開校した全寮制日立工業専門学院第一期生として電子工学科入学で大学教育、続く研究科進学で東京大学工学部研究生として猪瀬博教授に師事。研究科修了と同時に元の職場に復帰、コンピュータ開発設計に従事。1972年、ドルショック不況の中、取引先ハイテク中小企業からの経営支援要請に応えて出向、翌年取締役就任と同時に日立製作所を退社。1979年、経営立ち直りと同時に起業のため単身渡米。ミネソタ州で電子部品製造販売会社設立、顧客開拓、製品開発、経営に当たり、6年間で110人余の社員を採用する企業に育成。日立退社15年目の1987年、日立グループの要請で、日立の孫会社の位置づけで設立3年目の株式会社日本コンピュータ開発の経営を引き継ぎ、独自経営理念に基づく会社に育成。2006年に自ら社長を退任、相談役最高顧問として現在に至る。著書に『いつ倒産しても良い経営』（2013年、幻冬舎）がある。2006年に現役を引退以降、その特異な人生経験、ビジネス経験を生かして、理念に掲げる社会貢献活動の一環として、主として若者の教育支援や刺激を目的とした講演活動、地方社会活性化支援、障がい者施設支援や都立特別支援学校アドバイザーなど雇用促進に重点的に取り組んでいる。

日本コンピュータ開発HP

「生《い》き残《のこ》る経営《けいえい》」よりも「いつ倒産《とうさん》してもいい経営《けいえい》」

2024年6月27日　第1刷発行

著者　髙《たか》瀬《せ》拓《たく》士《お》

発行者　寺田俊治

発行所　株式会社 日刊現代
東京都中央区新川1-3-17　新川三幸ビル
郵便番号　104-8007
電話　03-5244-9620

発売所　株式会社 講談社
東京都文京区音羽2-12-21
郵便番号　112-8001
電話　03-5395-3606

印刷所／製本所　中央精版印刷株式会社

表紙・本文デザイン　華本達哉（aozora）
編集協力　ブランクエスト

C0036

ISBN978-4-06-536403-1